金融知识普及读本

（第二版）

中国人民银行
金融消费权益保护局 编著

责任编辑：吕　楠
责任校对：孙　蕊
责任印制：陈晓川

图书在版编目（CIP）数据

金融知识普及读本/中国人民银行金融消费权益保护局编著 . —2 版 . —北京：中国金融出版社，2017.6

ISBN 978 – 7 – 5049 – 9009 – 9

Ⅰ.①金… Ⅱ.①中… Ⅲ.①金融学—基本知识 Ⅳ.①F830

中国版本图书馆 CIP 数据核字（2017）第 100406 号

金融知识普及读本（第二版）
JINRONG ZHISHI PUJI DUBEN（DI-ER BAN）

出版发行	中国金融出版社
社址	北京市丰台区益泽路2号
市场开发部	（010）66024766，63805472，63439533（传真）
网上书店	www.cfph.cn
	（010）66024766，63372837（传真）
读者服务部	（010）66070833，62568380
邮编	100071
经销	新华书店
印刷	涿州市般润文化传播有限公司
尺寸	169 毫米 × 239 毫米
印张	16.25
字数	222 千
版次	2017 年 6 月第 1 版
印次	2025 年 1 月第 9 次印刷
定价	26.00 元

ISBN 978 – 7 – 5049 – 9009 – 9

如出现印装错误本社负责调换　联系电话(010)63263947

本书编委会

主　　编：余文建
副 主 编：马绍刚　尹优平　朱　红　孙天琦
编写人员：(以姓氏笔画为序)
　　　　　白当伟　冯丝卉　华国斌　杨　佩
　　　　　张　璇　武　岳　徐雅萍　蒋润东

目 录

第一章 人民币 1
第一节 人民币概述 3
第二节 人民币防伪与反假 14
第三节 怀疑是假币时如何处理 21

第二章 存贷款 23
第一节 存款 25
第二节 贷款 29
第三节 利率 35
第四节 存款保险制度 40

第三章 国库 45
第一节 国库收入 47
第二节 国库支出 49
第三节 国债 50

第四章 人民币汇率与外汇市场 57
第一节 外汇概述 59
第二节 外汇市场 61
第三节 人民币汇率 63
第四节 外汇管理 64
第五节 个人外汇业务 66

第五章 反洗钱 ... 73
第一节 洗钱的基本概念、途径及危害 ... 75
第二节 反洗钱监管 ... 79
第三节 如何防范洗钱活动 ... 82

第六章 支付结算 ... 87
第一节 账户的开立与使用 ... 89
第二节 非现金支付工具 ... 98
第三节 支付系统 ... 111
第四节 支付服务组织 ... 114
第五节 农村支付 ... 115

第七章 征信 ... 121
第一节 征信概述 ... 123
第二节 个人信用 ... 129

第八章 理财 ... 133
第一节 理财概述 ... 135
第二节 常见的个人理财工具 ... 136
第三节 理财风险防范 ... 149

第九章 个人金融信息安全 ... 151
第一节 个人金融信息概述 ... 153
第二节 个人金融信息安全管理 ... 154

第十章 互联网金融 ... 157
第一节 互联网金融概述 ... 159
第二节 常见的互联网金融业务 ... 163
第三节 互联网金融监管与自律 ... 166

第十一章　普惠金融 … 175
第一节　普惠金融：从理念到实践 … 177
第二节　传统金融机构与普惠金融 … 184
第三节　金融新业态与普惠金融 … 189
第四节　推动普惠金融发展环境进一步优化 … 192

第十二章　金融体系 … 199
第一节　金融调控与金融监管体系 … 204
第二节　我国的中央银行：中国人民银行 … 205
第三节　金融机构体系 … 208
第四节　金融行业自律组织体系 … 212
第五节　金融市场体系 … 213

附录一　中华人民共和国中国人民银行法（修正） … 215

附录二　中华人民共和国商业银行法 … 221

附录三　中华人民共和国反洗钱法 … 233

附录四　征信业管理条例 … 239

附录五　存款保险条例 … 247

参考文献 … 251

后记 … 252

第一章 人民币

第一节　人民币概述

人民币大家都十分熟悉，老百姓的日常生活一刻都离不开它。但是，您是否了解人民币发行了多少套？您是否能正确地识别真假人民币？

一、人民币的特征和职能

《中华人民共和国中国人民银行法》规定，人民币是我国的法定货币，由中国人民银行统一印制、发行。

人民币作为我国的法定货币具有以下特征：

1. 人民币是我国境内唯一合法货币，具有无限法偿的能力。
2. 人民币是价值符号，是商品价值计价的尺度。
3. 人民币是相对稳定的货币，即人民币能够保持相对稳定的购买力。
4. 人民币是独立自主的货币，是国家经济主权的象征。国内一切货币收付、计价单位和汇价的确定都由人民币承担。

二、人民币发行的版本

人民币自1948年发行以来，至今已经发行了五套纸币、四套硬币以及多套普通纪念币（钞）和贵金属纪念币。

目前，我国市场上流通的人民币以第五套为主，第四套人民币仍在继续流通，但在逐步回收，前三套人民币除硬币分币外已停止流通。

（一）第一套人民币

第一套人民币自1948年12月1日开始发行，面额有1元、5元、10元、20元、50元、100元、200元、500元、1 000元、5 000元、10 000元、50 000元，共计12种面额、62种版别。第一套人民币于1955年5月10日全部停止使用（其中，10 000元券和50 000元券于1955年4月1日停止使用）。

第一套人民币的图案主要是反映了当时解放区的生产建设情况。在62个版别中，除一些票券上设计了名胜古迹外（如长城、颐和园、正阳门、新华

门、钱塘江大桥等),其他大部分票券图案反映了当时工农业生产劳动的场面,如织布、炼钢、耕地、秋收、放牧等,图案中的人物基本都是工人和农民的形象。

(二) 第二套人民币

中国人民银行自 1955 年 3 月 1 日起发行第二套人民币,共发行 11 种券别,即纸币 1 分、2 分、5 分、1 角、2 角、5 角、1 元、2 元、3 元、5 元、10 元。为了便于流通,中国人民银行自 1957 年 12 月 1 日起发行了 1 分、2 分、5 分 3 种硬币,与纸分币等值流通,自此我国进入了纸、硬币混合流通阶段。由于后来对1元券和5元券的图案花纹进行了调整和更换颜色，使第二套人民币的版别增加到了16种。

第二套人民币的3元、5元（1953年版）和10元于1964年4月15日停止使用，1角、2角、5角、1元、2元和5元（1956年版）于1999年1月1日停止使用。从2007年4月1日起，第二套人民币的纸分币停止流通。

第二套人民币在5元券和10元券上分别使用了"各族人民大团结"和"工农像"的图案。

（三）第三套人民币

中国人民银行于1962年4月20日开始发行第三套人民币，陆续发行了7种券别、13种版别，具体是：10元纸币1种、5元纸币1种、2元纸币1种、1元纸币1种、5角纸币1种、2角纸币1种、1角纸币3种，1980年4月15日又发行了1角、2角、5角、1元硬币。

第三套人民币于2000年7月1日停止流通。

面额：1角；正面图案：教育与生产劳动相结合；背面图案：国徽和菊花。

面额：2角；正面图案：武汉长江大桥；背面图案：国徽和牡丹花。

面额：5角；正面图案：纺织厂生产图；背面图案：国徽、棉花和梅花。

面额：1元；正面图案：女拖拉机手生产图；背面图案：国徽和放牧。

面额：2元；正面图案：车间工人生产图；背面图案：国徽和石油矿井。

面额：5元；正面图案：炼钢工人生产图；背面图案：国徽和露天采矿。

面额：10元；正面图案：人民代表走出大会堂；背面图案：国徽和天安门水印。

（四）第四套人民币

中国人民银行自1987年4月27日起发行第四套人民币，共发行9种券别、17种版别，分别是纸币1角1种、2角1种、5角1种、1元3种、2元2种、5元1种、10元1种、50元2种、100元2种，硬币1角1种、5角1种、1元1种。1992年6月1日，中国人民银行又新发行了1角、5角和1元3种硬币。

面额：1角；正面图案：高山族、满族人物头像；背面图案：国徽和民族图案。

面额：2角；正面图案：布依族、朝鲜族人物头像；背面图案：国徽和民族图案。

面额：5角；正面图案：苗族、壮族人物头像；背面图案：国徽和民族图案。

面额：1元；正面图案：侗族、瑶族人物头像；背面图案：长城。

面额：2元；正面图案：维吾尔族、彝族人物头像；背面图案：南海和南天一柱。

面额：5元；正面图案：藏族、回族人物头像；背面图案：长江巫峡。

面额：10元；正面图案：汉族、蒙古族人物头像；背面图案：珠穆朗玛峰。

面额：50元；正面图案：工、农、知识分子头像；背面图案：黄河壶口瀑布。

面额：100元；正面图案：毛泽东、周恩来、刘少奇、朱德四位领袖浮雕像；背面图案：井冈山主峰五指山。

（五）第五套人民币

自1999年10月1日起，中国人民银行陆续发行第五套人民币。第五套人民币按照印刷工艺可分为1999年版、2005年版和2015年版（100元纸币）。

1999年第五套人民币

为了提高第五套人民币的印刷工艺和防伪技术，经国务院批准，中国人民银行对1999年版第五套人民币的生产工艺、技术进行了改进和提高。2005年8月31日，2005年版第五套人民币开始流通。

与1999年版相比，2005年版第五套人民币的纸币规格、主景图案、主色调保持不变，主要有四个方面的调整和提高：一是通过改进印刷生产工艺、技术，提高了人民币整体印刷质量；二是通过防伪措施整合，实现防伪技术应用系统化；三是增加汉语拼音"YUAN"，适应人民币国际化需要；四是1角硬币材质由铝合金改为不锈钢，适应防伪、机读需要。

面额：1元；正面图案：毛泽东同志头像；背面图案：杭州西湖。

面额：5元；正面图案：毛泽东同志头像；背面图案：泰山。

 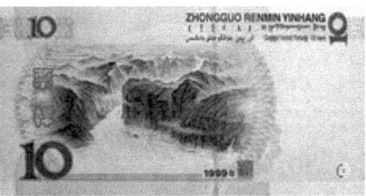

面额：10元；正面图案：毛泽东同志头像；背面图案：长江三峡。

面额：20元；正面图案：毛泽东同志头像；背面图案：桂林山水。

面额：50元；正面图案：毛泽东同志头像；背面图案：布达拉宫。

面额：100元；正面图案：毛泽东同志头像；背面图案：人民大会堂。

2015年版第五套人民币100元纸币自2015年11月12日起发行。

与2005年版第五套人民币100元纸币相比，2015年版第五套人民币100元纸币在保持规格、正背面主图案、主色调、"中国人民银行"行名和汉语拼音行名、国徽、盲文、民族文字等不变的情况下，根据防伪技术布局和机具处理钞票的需要，对部分图案作了适当调整，并将年号调整为"2015年"。

面额：100元；正面图案：毛泽东同志头像；背面图案：人民大会堂。

三、纪念币

中国人民银行还限量发行具有特定主题的人民币——纪念币。纪念币分为普通纪念币和贵金属纪念币，普通纪念币包括普通纪念币和纪念钞，它与市场上流通的同面额的纸币、硬币价值相等，可同时在市场上流通，任何单位和个人不得拒收；贵金属纪念币是指用金、银等贵金属或其他合金铸造的纪念币，其面额只是象征性的，不能参与实际流通。

中国人民银行自1979年开始发行贵金属纪念币，1984年开始发行普通纪念币，纪念币规格材质多种多样，题材涉及重大事件、人物、文化体育、珍稀动物、文化遗产等多方面。

四、残缺、污损人民币兑换

（一）什么是残缺、污损人民币

残缺、污损人民币是指票面撕裂、损缺，或因自然磨损、侵蚀，外观、质地受损，颜色变化，图案不清晰，防伪特征受损，不宜再继续流通使用的人民币。

（二）什么是特殊残缺、污损人民币

特殊残缺、污损人民币是指票面因火灾、虫蛀、鼠咬、霉烂等特殊原因，造成外观、质地、防伪特征受损，纸张炭化、变形，图案不清晰，不宜再继续流通使用的人民币。

特殊残缺、污损人民币剩余面积是指票面图案、文字、纸张能按原样连接的实物面积，包括与票面原样连接的炭化、变形部分。不能按原样连接的部分，不作为票面剩余面积计算。

（三）残缺、污损人民币兑换

凡办理人民币存取款业务的金融机构应无偿为公众兑换残缺、污损人民币，不得拒绝兑换。

残缺、污损人民币兑换分"全额"、"半额"两种情况。

1. 能辨别面额，票面剩余四分之三（含四分之三）以上，其图案、文字能按原样连接的残缺、污损人民币，金融机构应向持有人按原面额全额兑换。

2. 能辨别面额，票面剩余二分之一（含二分之一）至四分之三以下，其图案、文字能按原样连接的残缺、污损人民币，金融机构应向持有人按原面额的一半兑换。

纸币呈正十字形缺少四分之一的，按原面额的一半兑换。

3. 兑付额不足一分的，不予兑换；五分按半额兑换的，兑付二分。

（四）不宜流通人民币挑剔标准

1. 纸币票面缺少面积在 20 平方毫米以上的。

2. 纸币票面裂口 2 处以上，长度每处超过 5 毫米的；裂口 1 处，长度超过 10 毫米的。

3. 纸币票面有纸质较绵软，起皱较明显，脱色、变色、变形，不能保持其票面防伪功能等情形之一的。

4. 纸币票面污渍、涂写字迹面积超过 2 平方厘米的；不超过 2 平方厘米，但遮盖了防伪特征之一的。

5. 硬币有穿孔，裂口，变形，磨损，氧化，文字、面额数字、图案模糊不清等情形之一的。

五、爱护人民币

人民币使用过程中，要注意以下方面：第一，人民币要平铺整理，不要揉折；第二，要保持人民币票面整洁，不可以乱写、乱画、乱涂或计数盖印；第三，要防止污染，防止油浸和腐蚀性的化学溶剂侵蚀；第四，金属币不准穿孔、磨边、剪口、扎薄变形；第五，不准随意撕裂、剪割人民币；第六，单位和个人对收进的残损人民币应随时挑剔，交存金融机构或向金融机构兑换，不要对外支付，以保持市场流通人民币的整洁。

同时，根据相关规定，禁止下列损害人民币的行为：

（一）故意毁损人民币。

（二）制作、仿制、买卖人民币图样。

（三）未经中国人民银行批准，在宣传品、出版物或者其他商品上使用人民币图样。

（四）中国人民银行规定的其他损害人民币的行为。包括：利用人民币进行商业装饰，制作商业广告，制作工艺品、商品，在喜庆、丧葬活动中抛撒人民币，或将人民币包装在商品中进行促销等。

第二节 人民币防伪与反假

一、什么是假币

假币一般分为两大类，分别是伪造币和变造币。伪造币是仿照真币的图案、文字、形状规格、色彩等，采用印制、打印、复印等多种手段伪造的货币。根据假币伪造手段和方式不同，主要分为机制假币、复印假币、拓印假币、刻板印刷假币等几种类型。

变造假币是在真币的基础上，利用挖补、揭层、涂改、拼凑、移位等多种方法，改变真币形态的货币，分为真真拼凑币和真伪拼凑币。

二、人民币防伪特征

上文介绍了假币的主要种类，那人民币又具有哪些具体防伪特征呢？我们日常生活中使用最多的第五套人民币应用了多种先进防伪技术，下面以第五套人民币中 2005 年版和 2015 年版的 100 元纸币为例，为您介绍人民币主要的防伪特征。

（一）2005 年版第五套人民币 100 元纸币

票面特征：2005 年版第五套人民币 100 元纸币主色调为红色，票幅长 155 毫米、宽 77 毫米。票面正面主景为毛泽东头像，左侧为"中国人民银行"行名、阿拉伯数字"100"、面额"壹佰圆"和椭圆形花卉图案。票面左上角为中华人民共和国"国徽"图案，票面右下角为盲文面额标记，票面正面印有双色异型号码。票面背面主景为"人民大会堂"图案，左侧为人民大会堂内圆柱图案。票面右上方为"中国人民银行"的汉语拼音字母和蒙、藏、维、壮四种民族文字的"中国人民银行"字样和面额。

防伪特征：

1. 固定人像水印

位于票面正面左侧空白处，迎光透视，可见与主景图像相同、立体感很强的毛泽东头像水印。

2. 胶印缩微文字

票面正面上方椭圆形图案中，多处印有胶印缩微文字，在放大镜下可看到"RMB"和"RMB100"字样。

3. 全息磁性开窗安全线

钞票背面中间偏右，有一条开窗安全线，开窗部分可以看到由缩微字符"￥100"组成的全息图案，仪器检测有磁性。

4. 胶印对印图案

票面正面左侧中间处和背面右侧中间处均有一圆形局部图案，迎光观察，正背面图案重合并组合成一个完整的古钱币图案。

5. 手工雕刻头像

票面正面主景为毛泽东头像，采用手工雕刻凹版印刷工艺，形象逼真、传神，凹凸感强，易于识别。

6. 隐形面额数字

票面正面右上方有一装饰性图案，将票面置于与眼睛接近平行的位置，面对光源作上下倾斜晃动，可以看到面额数字"100"字样。

7. 光变油墨面额数字

票面正面左下角"100"字样，与票面垂直角度观察为绿色，倾斜一定角度则变为蓝色。

8. 白水印

位于正面双色异形横号码下方，迎光透视，可以看到透光性很强的水印"100"字样。

9. 雕刻凹版印刷

票面正面主景毛泽东头像、中国人民银行行名、盲文及背面主景人民大会堂等均采用雕刻凹版印刷，用手指触摸有明显凹凸感。

10. 双色异形横号码

票面正面左下角印有双色异形横号码，左侧部分为暗红色，右侧部分为黑色。字符由中间向左右两边逐渐变小。

11. 凹印手感线

正面主景图案右侧，有一组自上而下规则排列的线纹，采用雕刻凹版印刷工艺印制，用手指触摸有极强的凹凸感。

12. 有色荧光图案

位于背面主景人民大会堂图案上方椭圆形图案中，部分图案在特定波长紫外光照射下可见橘黄色荧光图案。

13. 无色荧光纤维

随机分布于纸张中，在特定波长紫外光照射下，可看到黄色和蓝色纤维。

14. 无色荧光图案

位于票面正面中部，行名下方。在特定波长紫外线光照射下可见黄色荧光的面额数字"100"，可供机读。

15. 防复印标记

在票面正面左侧、背面右侧的部分图案，可以防止彩色复印。

（二）2015 年版第五套人民币 100 元纸币

票面特征：2015 年版第五套人民币 100 元纸币规格、正背面主图案、主色调、"中国人民银行"行名和汉语拼音行名、国徽、盲文、民族文字等均与 2005 年版第五套人民币 100 元纸币相同，对正背面部分图案作了调整，对整体防伪性能进行了提升。

1. 正面图案主要调整

（1）取消了票面右侧的凹印手感线、隐形面额数字凹印手感线、隐形面额数字，取消了票面和左下角的光变油墨面额数字。

（2）在票面中央中部位置增加了光彩光变面额数字，在票面右侧增加了光变镂空开窗安全线和竖号码。

（3）票面右上角面额数字由横排改为竖排，并对数字样式作了适当调整；中央团花图案中心花卉色彩由橘红色调整为紫色，取消了花卉外淡蓝色花环，并对团花图案、接线形式作了适当调整；胶印对印图案由古钱币图案改为面额数字"100"，并由票面左侧中间位置调整至左下角。

2. 背面图案主要调整

（1）取消了右侧的全息磁性开窗安全线和右下角的防复印标记和全息磁性开窗安全线。

（2）减少了票面左右两侧边部胶印图纹，适当留白；胶印对印图案由古钱币图案改为面额数字"100",并由票面右侧中间位置调整至右下角;面额数字"100"上半部颜色由深紫色调整为浅紫色,下半部由紫大红色调整为橘红色,并对线纹结构进行了调整;票面局部右侧螺旋装饰图案色彩由蓝红相间调整为紫红相间;左上角、右上角面额数字样式形式均作调整。

(3)年号调整为"2015年"。

防伪特征:

2015年版第五套人民币100元纸币采用了目前较为先进的防伪技术,主要包括以下7处(见下图)。

①光变镂空开窗安全线

位于票面正面右侧。垂直票面观察,安全线呈品红色;与票面成一定角度观察,安全线呈绿色;透光观察,可见安全线中正反交替排列的镂空文字

"￥"和"100"。

②光彩光变面额数字

位于票面正面中部。垂直票面观察，面额数字以金色为主；平视观察，面额数字以绿色为主。随着观察角度的改变，面额数字颜色在金色和绿色之间交替变化，并可见到一条亮光带上下滚动。

③固定人像水印

位于票面正面左侧空白处。透光观察，可见毛泽东头像水印。

④胶印对印图案

票面正面左下方和背面右下方均有面额数字"100"的局部图案。透光观察，正背面图案组成一个完整的面额数字"100"。

⑤横竖双号码

票面正面左下方采用横排冠字号码，其冠字和前两位数字为暗红色，后六位数字为黑色；右侧竖号码为蓝色。

⑥白水印

位于票面正面横排冠字号码下方。透光观察，可以看到透光性很强的水印面额数字"100"。

⑦雕刻凹印

票面正面毛泽东头像、国徽、"中国人民银行"行名、右上角面额数字、盲文面额标记数字及背面主景人民大会堂等均采用雕刻凹印印刷，用手指触摸有明显的凹凸感。

三、真假币鉴别

当您收到疑似假币时，应当采取看、摸、听、测相结合的综合方法进行识别、鉴定，下面以2005年版第五套人民币为例，向您详细介绍鉴别真假币的四种方法。

（一）看——真假币对照法

将可疑币和真币进行对照，迎光观察人民币的水印、红蓝彩色纤维、阴阳互补对印图案和安全线；将票面置于与眼睛接近平行位置，观察光变油墨面额数字和隐形面额数字。真人民币的各种颜色光泽鲜亮，图案轮廓清晰，层次分明，立体感强，印制精细，迎光透视时，可看到正面右侧有一条上下贯通的黑色金属线；而假币由于粗制滥造，多数票面颜色浑浊、色泽灰暗。具体来说：

1. 水印：人民币水印通过纸张纤维堆积的高度不同使局部纸张厚度出现差异，迎光观察呈现某种图案的实物线。真人民币的水印，都是在造纸过程中做在纸张中的，将人民币平放时，一般看不出水印的迹象，但只要迎光透视，均可看到纸币中含有层次丰富、立体感强的水印；而假币一般没有水印，即便有也是用印模后盖上去的，平放时有水印轮廓，迎光透视时，有的反面看不清楚，有的则特别明显，其水印图案结构简单，无立体感，且图像失真。

2. 阴阳互补对印图案：迎光观察时，假币的正背图案重合得不够完整，有线条错位现象。

3. 安全线：真币的安全线是立体实物与钞票纸融为一体，有凸起的手感。假币的安全线有两种，一是在纸张夹层中放置的假安全线，与纸张结合较差；二是在假币表面用油墨印刷上一条假安全线，如加入立体实物，会出现与票面皱褶分离的现象。

4. 光变油墨面额数字：假币的光变油墨面额数字不会产生颜色变化或变化不明显。

5. 隐形面额数字：假币的隐形面额数字分为两种，一是在垂直观察时即可看到，而真币是看不到的；二是根本看不到面额数字。

（二）摸——手感触摸法

所谓手感触摸法即依靠手指触摸钞票的感觉来分辨人民币的真伪。人民币采用特种原料，由专用设备特制的印钞专用纸张印制，其手感光滑，厚薄均匀，坚挺有韧性。手感与摸普通纸的感觉不一样。纸币薄厚适中，挺括度好。

另外，人民币采取凹版印刷，线条形成凸出纸面的油墨道，特别是在凹印手感线、盲文点、"中国人民银行"字样、人民币人像部位等。用手指抚摸这些地方，有较明显的凹凸感，较新钞票用指甲划过，有明显阻力。第五套人民币纸币各券别正面主景均为毛泽东头像，采用手工雕刻凹版印刷工艺，形象逼真、传神，凹凸感强，易于识别。而假币采用的则是胶版印刷，平滑、无凹凸手感，还有的假币在相应部位压痕或涂抹胶水来模仿凹印效果。近年新版大面额人民币纸中还有金属线，或正面右下方都有数个黑点，黑点不像其他图案一样是印上去的，明显有一定厚度。

（三）听——纸张分析法

即通过抖动钞票发出声响，根据声音来判别人民币真伪。人民币是用专用特制纸张印制而成的，具有挺括、耐折、不易撕裂等特点，手持钞票用力抖动、手指轻弹或两手一张一弛轻轻对称抖动钞票，均能发出清脆响亮的声音。而假币纸张发软，偏薄，声音发闷，不耐揉折。

（四）测——工具检测法

即借助一些简单工具或专用鉴别仪器进行钞票真伪识别的方法。例如，借助放大镜来观察票面线条清晰度、胶、凹印缩微文字等；或用荧光检测，检测纸张有无荧光反应。人民币有一到两处荧光文字，呈淡黄色。大多数假币不含荧光纤维，缺少荧光图案，即使有荧光图案，其颜色往往不正，亮度偏暗，呈惨白色。

用紫外灯光照射票面，可以观察钞票纸张和油墨的荧光反应。将真币置于紫光灯下，票面颜色无刺眼现象；假币则出现刺眼的蓝白光。但用这种方法检测时，有时个别真币由于接触过肥皂粉等，也会出现刺眼的蓝白光。因此，用紫光检测时还须观察其他特征。

另外，还可借助仪器检测人民币的缩微文字、荧光反应以及黑色横号码的磁信号来辨别人民币的真伪。

案例1.1　假币诈骗

（一）2009年6月9日凌晨，郑女士在某汽车站出口处叫了一辆黑色的小面包车回家，在下车付钱时，郑女士先拿出1张100元给驾驶员，后被驾驶员以"调包"手法换成假币，并称自己没有零钱找，将假币还给了郑女士，等下车后郑女士才发现真币已经被换成了假币。在此提醒读者，乘坐出租车时，尽量自备零钱，在司机找给其面额较大的钱时，要尽量当场辨明真假，以防损失。

（二）2009年6月初，一外地男子到G市某县的于老太家，称需要租房子，并主动提出先付50元定金，后该男子拿出100元交给于老太，于老太当时没有辨别钱币真假便付给外地男子50元，等到于老太外出购物时才发现那张100元是假币。一些不法分子往往以老年人为目标，利用老年人年纪大，眼神不好，对假币识别力不高的特点，找各种理由以整钱换零钱，以假换真。

（三）2009年5月24日晚，一男子在H市商业街某照相馆内用1张100元假币购买2节电池，后被当场抓获，收缴到5张100元纸币，经鉴定均为假币。此类犯罪分子经常选择路边小杂货店，看准店内无验钞机，以大额假币购买低价小商品，找零，最终达到使用假币套取真币的目的，希望广大市民在日常生活中提高警惕，避免损失。

第三节 怀疑是假币时如何处理

根据《中华人民共和国人民币管理条例》和《中国人民银行假币收缴、鉴定管理办法》，当对人民币的真伪存在怀疑时，可以到中国人民银行以及中国人民银行授权的银行业金融机构进行货币真伪鉴定。

日常生活中关于假币的处理方法：

（一）在日常生活中误收假币，不应再使用，应上缴当地银行或公安机关。

（二）看到别人大量持有假币，应劝其上缴，或向公安机关报告。

（三）发现有人制造、买卖假币，应掌握证据，向公安机关报告。

中国人民银行、公安机关发现伪造、变造的人民币，应予以没收，加盖"假币"字样戳记，并登记造册。办理人民币存取款业务的金融机构发现伪造、变造的人民币，数量较多、有新版的伪造人民币或者有其他制造贩卖伪造、变造人民币线索的，应立即报告公安机关；数量较少的，由该金融机构两名以上工作人员当面予以收缴，加盖"假币"字样戳记，登记造册，并向持有人出具中国人民银行统一印制的假币收缴凭证，并告知持有人可以向中国人民银行或者向中国人民银行授权的银行业金融机构申请鉴定。

持有人对被收缴货币的真伪存有异议,可以自收缴之日起 3 个工作日内,持假币收缴凭证直接或通过收缴单位向中国人民银行当地分支机构或中国人民银行授权的当地鉴定机构提出书面申请鉴定。

第二章 存贷款

存款与贷款是银行最常见的金融业务,但是您是否了解存款分为哪些种类?各类贷款的申请条件是什么?怎样存款才能在满足生活需要的同时带来最大的收益?本章的内容也许能给您带来启发。

第一节 存 款

一、存款的概念与种类

(一) 存款概述

存款是存款凭证或记录所代表的各类组织机构(包括各类企事业单位、机关、团体)和个人对银行的债权,他们可以按照约定的条件支取或转账。从银行的角度看,则是对存款人的一种债务。

(二) 存款的种类

存款种类的划分标准有很多种,通常按照以下两种标准区分不同形式的存款。

1. 按存款人不同

按存款人不同,存款分为个人存款和单位存款。其中,个人存款又称储蓄存款,单位存款又称对公存款。

2. 按业务品种不同

按业务品种不同,存款可分为活期储蓄存款、定期储蓄存款、通知存款等品种,具体分类见表 2-1。

表 2-1 存款的分类

存款人	业务品种
个人存款	活期储蓄存款
	定期储蓄存款,包括整存整取、零存整取、整存零取和存本取息
	定活两便储蓄存款
	个人通知存款
	教育储蓄存款
单位存款	单位活期存款
	单位定期存款
	单位通知存款
	单位协定存款
	保证金存款

（三）外币存款

外币存款业务与人民币存款业务除了存款币种和具体管理方式不同之外，有许多共同点：两种存款业务都是存款人将资金存入银行的信用行为，都可按存款期限分为活期存款和定期存款。许多银行提供"本外币一本通"之类的存款产品，实际上已将人民币账户与外币账户的界限淡化。

目前，我国银行开办的外币存款业务主要有美元、欧元、日元、港元、英镑、澳大利亚元、加拿大元、瑞士法郎、新加坡元等几种。其他可自由兑换的外币不能直接存入账户，需由存款人自由选择已开办外币存款中的一种，按存入日的外汇牌价折算存入。

二、个人存款

个人存款又叫储蓄存款，是指个人在银行的存款。

（一）活期存款

1. 活期存款的概念

活期存款是指不约定期限，可随时转账、支取并按期给付利息的个人存款。

2. 活期存款的特点

储户存款、取款灵活方便；储户在通存通兑区域内银行的任一联机网点都可以办理存取款、查询及口头挂失等业务；具有代收代付、代发工资等功能；适合于个人生活待用款的存储。

3. 活期存款的办理程序及注意事项

（1）储户凭有效身份证件办理开户。申请开户时，储户需正确填写开户申请书。

（2）银行操作员认真审查存款凭条各要素，核实储户提交的有效身份证件。收妥资金后，由银行发给存款凭证（存折或银行卡）。若储户要求办理通存通兑业务，应提示储户输入密码。

（3）通常情况下，储户凭存折或银行卡办理续存或支取手续。

在办理通存通兑业务时，对有下列情况之一者不予通存通兑，需提请储户回原开户银行网点办理业务：①储户要求凭印鉴支取的账户；②各种原因止付的存款的销户；③正式挂失及解除挂失，冻结账户及解除冻结；④账号、公章、经办员名章及字迹辨认不清的存单。

(二) 定期存款

定期存款是约定存期、利率，到期支取本息的个人存款。根据不同的存取方式，定期存款分为四种，其中整存整取最为常见，是定期存款的典型代表。

表 2-2 定期存款一览表

存款种类	存款方式	取款方式	起存金额	存款期类别	特点
整存整取	整笔存入	到期一次性支取本息	50元	三个月、六个月、一年、二年、三年、五年	长期闲置资金
零存整取	每月存入固定金额	到期一次性支取本息	5元	一年、三年、五年	利率低于整存整取定期存款利率，高于活期存款利率
整存零取	整笔存入	固定期限分期支取	1 000元	存期分为一年、三年、五年；支取期分为一个月、三个月、半年一次	如因特殊原因，在非支取期需要提前支取的，本金可全部提前支取，不可部分提前支取。利息于期满结清时支付。利率高于活期存款利率
存本取息	整笔存入	约定取息期，到期一次性支取本金、分期支取利息	5 000元	存期分为一年、三年、五年；可以一个月或几个月取息一次	如因特殊原因，在非支取期需要提前支取的，本金可全部提前支取，不可部分提前支取。取息日未到不得提前支取利息，取息日未取息，以后可随时取息，但不计复利

1. 定期存款利率

定期存款利率视期限长短而定，期限越长，利率越高。若在存款到期前要求提前支取，有时会受到限制，而且还有利息损失。

2. 到期支取的定期存款计息

利息金额 = 本金 × 年（月）数 × 年（月）利率

取回金额 = 本金 + 利息

3. 逾期支取的定期存款计息

超过原定存期的部分，除约定自动转存外，按支取日挂牌公告的活期存款利率计付利息。

4. 提前支取的定期存款计息

提前支取部分按活期存款利率计付利息，其利息同本金一并支取。

5. 存期内利率调整的定期存款计息

存期内遇有利率调整，仍按存单开户日挂牌公告的相应定期存款利率计息。

（三）其他种类的储蓄存款

除了活期存款、定期存款以外，还有表2-3中所列的几种常见储蓄存款种类。

表2-3 其他储蓄存款一览表

存款种类	业务特点
定活两便储蓄存款	存期灵活：开户时不约定存期，一次存入本金，随时可以支取，银行根据客户存款的实际存期按规定计息 利率优惠：利息高于活期储蓄
个人通知存款	开户时不约定存期，预先确定品种，支取时提前一定时间通知银行，约定支取日期及金额。目前，银行提供一天、七天通知存款两个品种。一般5万元起存
教育储蓄存款	父母为子女接受非义务教育而存钱，分次存入，到期一次支取本金和利息 利率优惠：一年期、三年期教育储蓄按开户日同期同档次整存整取定期储蓄存款利率计息；六年期按开户日五年期整存整取定期储蓄存款利率计息 总额控制：教育储蓄起存金额为50元，本金合计最高限额为2万元 储户特定：在校小学四年级（含四年级）以上学生。如果需要申请助学贷款，金融机构优先解决 存期灵活：教育储蓄属于零存整取定期储蓄存款。存期分为一年、三年和六年。提前支取必须全额支取

(四) 储蓄存款利息个人所得税

储蓄存款利息个人所得税，经常被简称为利息税，是对个人在中华人民共和国境内的储蓄机构存储人民币、外币取得的利息所得征收的个人所得税。

为配合国家宏观调控政策需要，经国务院批准，自 2008 年 10 月 9 日起，对储蓄存款利息所得暂免征收个人所得税。即储蓄存款在 1999 年 10 月 31 日前孳生的利息所得，不征收个人所得税；储蓄存款在 1999 年 11 月 1 日至 2007 年 8 月 14 日孳生的利息所得，按照 20% 的比例税率征收个人所得税；储蓄存款在 2007 年 8 月 15 日至 2008 年 10 月 8 日孳生的利息所得，按照 5% 的比例税率征收个人所得税；储蓄存款在 2008 年 10 月 9 日后（含 10 月 9 日）孳生的利息所得，暂免征收个人所得税。

第二节 贷 款

一、贷款概述

贷款是银行将资金直接贷给债务人所形成的债权。广义的贷款是贷款、贴现、透支等出贷资金的总称。

贷款的还款方式由借贷双方在合同中约定，一般采用一次性还本付息、定期付息到期还本、等额本息还款法、等额本金还款法、滞后等额本息还款法、滞后等额本金还款法等多种还款方式。

二、个人贷款

(一) 个人贷款的概念和分类

个人贷款是指以自然人为借款人的贷款。个人贷款主要分为个人消费贷款（包括个人购买住房、购买汽车、住房装修、旅游、教育、购买大件耐用消费品及其他生活消费用途的贷款）和个人经营贷款。

(二) 个人住房贷款

个人住房贷款是贷款人向借款人发放的用于购买住房的贷款。贷款人发放个人住房贷款时，借款人必须提供担保，如果借款人到期不能偿还贷款本息，贷款人有权依法处理其抵押物。

个人住房贷款有三种，分别是个人住房商业性贷款、住房公积金贷款和个人住房组合贷款。个人住房商业性贷款是银行用信贷资金发放的贷款。住房公积金贷款的资金来自职工缴存的住房公积金存款，因此这类贷款只贷给那些住房公积金缴存人，用于购买、建造、翻建、大修自住住房，但有最高贷款额度的限制。个人住房组合贷款是上述两种贷款的组合。

银行办理住房贷款通常采用两种分期还本付息方式。一是等额本息还款法，贷款期限每月以相等的数额偿还贷款本息；二是等额本金还款法，每月等额偿还贷款本金，贷款利息随本金逐月递减。

1. 住房商业性贷款

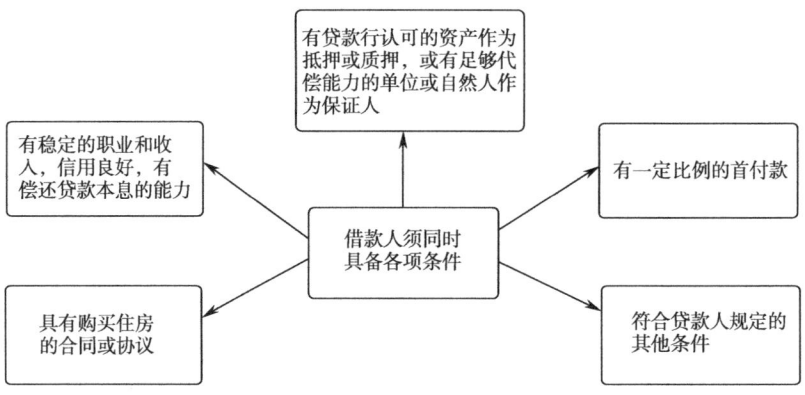

2. 住房公积金贷款

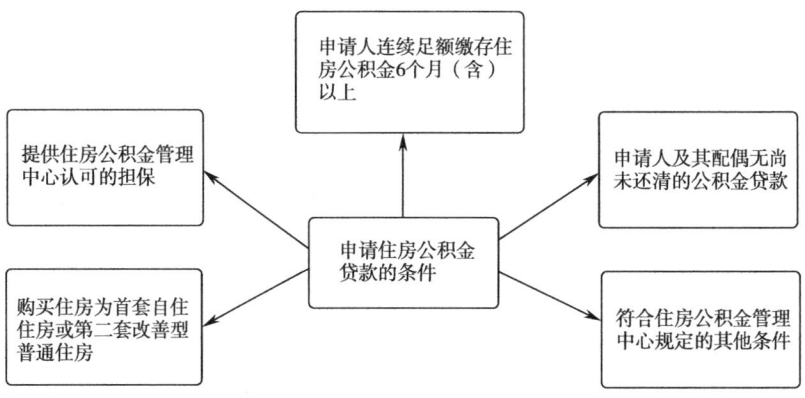

个人住房公积金贷款期限在 1 年以内（含 1 年）的，实行合同利率，遇法定利率调整，不分段计息；贷款期限在 1 年以上的，遇法定利率调整，于次年 1 月 1 日开始，按相应利率档次执行新的利率规定。

个人住房贷款的计息方式和还款方式，由借贷双方协商确定，可在合同期内按月度、按季度、按年度调整，也可采用固定利率的确定方式。

（三）个人汽车贷款

个人汽车贷款是指授权开办汽车贷款业务的银行经办机构向个人借款人发放购买汽车（含二手车）的贷款业务，包括个人自用车贷款和个人商用车贷款。

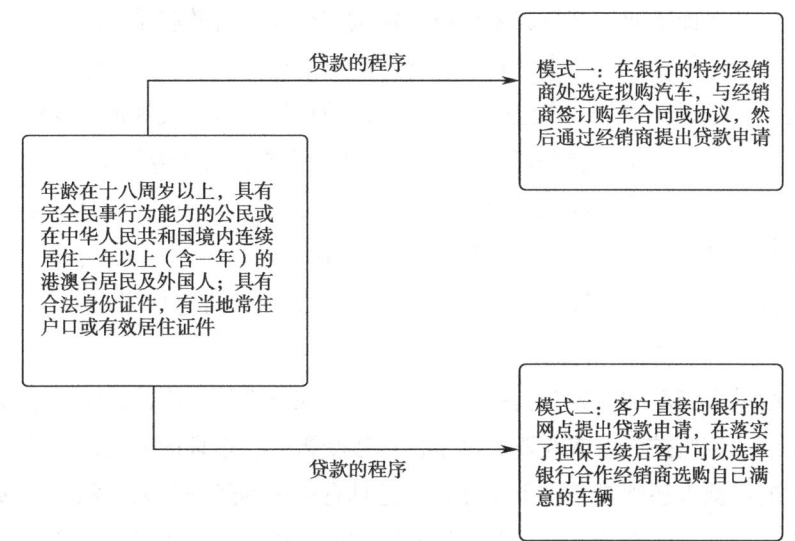

（四）教育助学贷款

助学贷款是指银行向正在接受高等教育的在校学生及其直系亲属、法定监护人，或准备接受各类教育培训的自然人发放的人民币贷款业务。其中，国家助学贷款是指对符合中央和地方财政贴息规定的高等学校在校学生发放的人民币贷款。生源地信用助学贷款是指符合条件的家庭经济困难的普通高校新生、在校生和家长（或其他法定监护人）向学生入学户籍所在县（市、区）的学生资助管理中心或金融机构申请办理，由国家开发银行等金融机构发放，帮助家庭经济困难学生支付在校学习期间所需的学费、住宿费的助学贷款；生源地信用助学贷款为信用贷款，不需要担保和抵押，学生和家长（或其他法定监护人）为共同借款人，共同承担还款责任。一般助学贷款是指对高等学校在校学生和新录取学生以及在职深造、再就业培训、出国留学人员发放的商业性人民币贷款。

助学贷款最长期限不超过 20 年，借款学生毕业或终止学业时，应与经办银行和经办机构确认还款计划，还款期限按双方签署的合同执行。

国家助学贷款的对象是指符合中央和地方财政贴息规定的全日制本、专科学生，研究生及攻读第二学士学位的高等学校在校学生。在校学生还须具备以下条件：一是品德优良、学习认真；二是同班同学或老师共两人对其身份提供证明；三是保证毕业后在贷款未还清前向贷款行提供有效联系方式。

生源地信用助学贷款支持对象必须符合以下条件：一是具有中华人民共和国国籍；二是诚实守信，遵纪守法；三是已被根据国家有关规定批准设立、实施高等学历教育的全日制普通高校、高等职业学校和高等专科学校正式录取，取得真实、合法、有效的录取通知书的新生或高校在读学生；四是学生本人入学前户籍、其父母（或其他法定监护人）户籍均在本市、县（市、区）；五是家庭经济困难，所能获得的收入不足以支付在校期间完成学业所需的基本费用。

一般助学贷款的对象是指接受各类教育的在校学生、出国留学学生或其直系亲属、法定监护人，或在职攻读学位和接受再就业培训的人员。申请一般助学贷款的借款人还须具备以下条件：一是具有稳定的经济收入，能保证按期偿还贷款本息。二是在贷款银行开立储蓄存款账户或信用卡账户，愿意接受贷款行信贷、结算监督。三是出国留学生须有就读学校的《录取通知书》或相关证明。

三、创业担保贷款

（一）创业担保贷款的概念和对象

2016 年，根据《国务院关于进一步做好新形势下就业创业工作的意见》，人民银行将小额担保贷款调整为创业担保贷款，是指金融机构发放，由专门担保机构或创业担保贷款担保基金提供担保，用于支持城镇登记失业人员、就业困难人员（含残疾人）及复员转业退役军人等就业创业的贷款，以及金融机构对新招用符合创业担保贷款申请条件的人员（不包括大学生村官、留学回国学生、返乡创业农民工、网络商户）数量达到一定比例的小微企业发放的贷款。

创业担保贷款的对象主要为：城镇登记失业人员、就业困难人员（含残疾人）、复员转业退役军人、刑满释放人员、高校毕业生（含大学生村官和留学回国学生）、化解过剩产能企业职工和失业人员、返乡创业农民工、网络商户、建档立卡贫困人口。对上述群体中的妇女，应纳入重点对象范围。

（二）创业担保贷款的额度、期限和利率

对符合条件的个人发放的创业担保贷款最高额度为10万元。对符合条件的借款人合伙创业或组织起来共同创业的，贷款额度可适当提高。面向个人发放的创业担保贷款期限最高不超过3年。对符合条件的个人发放的创业担保贷款，参照贷款基础利率并结合贷款风险分担情况合理确定贷款利率水平。个人创业担保贷款在贷款基础利率上上浮3个百分点以内的，由财政部门按相关规定贴息。

（三）创业担保贷款的办理程序

借款人依规定向所在地人力资源和社会保障部门提出申请，经人力资源和社会保障部门审查符合规定的，报送担保基金运营管理机构进行尽职调查。不同意贷款的，注明原因将资料返还申请人；同意贷款的，经金融机构审核向借款人发放贷款，同时财政部门按规定贴息。

四、注册商标专用权质押贷款

（一）注册商标专用权质押贷款的概念

所谓质押贷款，是指贷款人按《中华人民共和国担保法》规定的质押方式以借款人或第三人的动产或权利为质押物发放的贷款。注册商标专用权质押贷款是指注册商标专用权人以合法拥有的注册商标专用权出质，从银行业金融机构获得授信支持和贷款的融资模式。以注册商标专用权出质的单位为借款人，借款人必须是出质注册商标的合法所有人。一件注册商标有两个以上共同所有人的，借款人为该注册商标的全体共有人。借款人应以其在同一种或者类似商品（或服务）上注册的相同或近似注册商标的专用权一并出质。

（二）注册商标专用权质押贷款的额度限制

注册商标专用权质押贷款的授信额度（即贷款额度）以出质注册商标评估价值为主要参考依据，由贷款人按注册商标评估价值的一定比例确定，原则上不超过注册商标评估价值的50%。

（三）注册商标专用权质押贷款的期限

以注册商标专用权出质的综合授信期限一般不超过三年，其间，贷款人可根据借款人生产经营状况的变化，适当调整综合授信额度，在授信额度内借款人可随借随还。

五、专利权质押贷款

（一）专利权质押贷款的概念

专利权质押贷款是指借款人以合法拥有的发明专利、实用新型专利权向贷款人出质，取得贷款人一定金额的人民币、外币贷款，并按期偿还贷款本息的一种贷款业务。

（二）专利权质押贷款的质押率与贷款期限

专利权质押贷款金额，一般不超过该专利权的市场公允价值或评估价值的50%。贷款期限一般不超过一年，特殊情况下不超过二年。超过一年期限的，贷款人可要求借款人对其出质的专利技术予以重新评估，或提供其他形式的补充担保。

（三）专利权质押贷款的申请

申请专利权质押贷款需向拟受理业务的金融机构提供如下材料：专利权质押贷款申请书；专利证书原件及复印件；工商营业执照、法定代表人身份证明、企业贷款卡及复印件；拟出质的专利权的评价报告。

贷款人可要求借款企业法定代表人及其他高级管理人员以其个人资产为该项贷款提供补充担保，或寻求专业担保机构提供补充担保支持。

六、贴现

（一）贴现的概念

贴现是指银行承兑汇票的持票人在汇票到期日前，为了取得资金，贴付一定利息将票据权利转让给银行的票据行为，是持票人向银行融通资金的一种方式。

（二）贴现的办理

1. 申报材料

持票人办理汇票贴现业务时，需填写《商业汇票贴现申请书》，加盖公章和法定代表人章（或授权代理人章）后提交贴现行，并提供以下资料：

（1）未到期且格式完整的商业汇票。

（2）贴现申请人的企业法人营业执照或营业执照复印件。

（3）贴现申请人与其直接前手之间根据税收制度有关规定开具的增值税发票或普通发票，以及交易合同原件。

（4）贴现银行认为需要提供的其他资料。

2. 办理程序

（1）持票企业提供票据原件由银行代为查询，确定真实性。

（2）持票企业填写贴现申请书、贴现凭证。

（3）持票企业提供与交易相关的合同、交易发票。

（4）商业汇票贴现前由贴现行对贴现企业进行授信审查。

（5）银行审核票据及资料。

（6）银行计收利息，发放贴现款。

第三节　利　　率

一、利率概述

（一）利率的概念

利率是一定时期内利息额与本金的比率，通常分为年利率、月利率、日利率，分别用百分比、千分比、万分比表示。

（二）利率的分类

利率可以分为固定利率和浮动利率两类。

固定利率指在借贷合同期限内利率不随利率政策及资金供求状况等外部因

素变动而变动的利率。浮动利率指在借贷合同期限内,根据约定在规定的时间依据利率政策或某种市场利率进行调整的利率。

二、基准利率

(一) 存贷款基准利率

存贷款基准利率是指中国人民银行公布的指导性利率,包括存款基准利率和贷款基准利率,在金融市场上具有普遍参照作用,金融机构的存贷款利率或其他金融资产价格均可根据这一基准利率水平来确定。

(二) 其他基准利率

在金融市场发展过程中,通过实际交易或金融机构报价,也逐步形成了一系列市场化的基准利率,如上海银行间同业拆借利率(Shibor)、国债收益率曲线、贷款基础利率(LPR)等,为货币市场交易、债券和贷款等利率定价提供了重要参考。

三、结息和计息方式

个人活期存款按季度结息,按结息日挂牌活期利率计息,每季度末月的20日为结息日。未到结息日清户的,按清户日挂牌公告的活期利率计息到清户前一日为止。单位活期存款按日计息,按季度结息,计算期间遇利率调整分段计息,每季度末月的20日为结息日。

人民币各项贷款的计息、结息方式由借贷双方协商确定。贷款利率可在合同期间内按月度、按季度、按年度调整,也可采用固定利率的确定方式。

表2-4 金融机构人民币贷款基准利率　　　　　　单位:%

调整时间	六个月以内(含六个月)	六个月至一年(含一年)	一年至三年(含三年)	三年至五年(含五年)	五年以上
1991.04.21	8.10	8.64	9.00	9.54	9.72
1993.05.15	8.82	9.36	10.80	12.06	12.24
1993.07.11	9.00	10.98	12.24	13.86	14.04
1995.01.01	9.00	10.98	12.96	14.58	14.76
1995.07.01	10.08	12.06	13.50	15.12	15.30

续表

调整时间	六个月以内（含六个月）	六个月至一年（含一年）	一年至三年（含三年）	三年至五年（含五年）	五年以上
1996.05.01	9.72	10.98	13.14	14.94	15.12
1996.08.23	9.18	10.08	10.98	11.70	12.42
1997.10.23	7.65	8.64	9.36	9.90	10.53
1998.03.25	7.02	7.92	9.00	9.72	10.35
1998.07.01	6.57	6.93	7.11	7.65	8.01
1998.12.07	6.12	6.39	6.66	7.20	7.56
1999.06.10	5.58	5.85	5.94	6.03	6.21
2002.02.21	5.04	5.31	5.49	5.58	5.76
2004.10.29	5.22	5.58	5.76	5.85	6.12
2006.04.28	5.40	5.85	6.03	6.12	6.39
2006.08.19	5.58	6.12	6.30	6.48	6.84
2007.03.18	5.67	6.39	6.57	6.75	7.11
2007.05.19	5.85	6.57	6.75	6.93	7.20
2007.07.21	6.03	6.84	7.02	7.20	7.38
2007.08.22	6.21	7.02	7.20	7.38	7.56
2007.09.15	6.48	7.29	7.47	7.65	7.83
2007.12.21	6.57	7.47	7.56	7.74	7.83
2008.09.16	6.21	7.20	7.29	7.56	7.74
2008.10.09	6.12	6.93	7.02	7.29	7.47
2008.10.30	6.03	6.66	6.75	7.02	7.20
2008.11.27	5.04	5.58	5.67	5.94	6.12
2008.12.23	4.86	5.31	5.40	5.76	5.94
2010.10.20	5.10	5.56	5.60	5.96	6.14
2010.12.26	5.35	5.81	5.85	6.22	6.40
2011.02.09	5.60	6.06	6.10	6.45	6.60
2011.04.06	5.85	6.31	6.40	6.65	6.80
2011.07.07	6.10	6.56	6.65	6.90	7.05
2012.06.08	5.85	6.31	6.40	6.65	6.80
2012.07.06	5.60	6.00	6.15	6.40	6.55

续表

调整时间	六个月以内（含六个月）	六个月至一年（含一年）	一年至三年（含三年）	三年至五年（含五年）	五年以上
2014.11.22*	5.60		6.00		6.15
2015.03.01	5.35		5.75		5.90
2015.05.11	5.10		5.50		5.65
2015.06.28	4.85		5.25		5.40
2015.08.26	4.60		5.00		5.15
2015.10.24	4.35		4.75		4.90

注：* 自2014年11月22日起，金融机构人民币贷款基准利率期限档次简并为一年以内（含一年）、一年至五年（含五年）和五年以上三个档次。

表2-5　金融机构人民币存款基准利率　　　　　　　　单位：%

调整时间	活期存款	定期存款					
		三个月	半年	一年	二年	三年	五年
1990.04.15	2.88	6.30	7.74	10.08	10.98	11.88	13.68
1990.08.21	2.16	4.32	6.48	8.64	9.36	10.08	11.52
1991.04.21	1.80	3.24	5.40	7.56	7.92	8.28	9.00
1993.05.15	2.16	4.86	7.20	9.18	9.90	10.80	12.06
1993.07.11	3.15	6.66	9.00	10.98	11.70	12.24	13.86
1996.05.01	2.97	4.86	7.20	9.18	9.90	10.80	12.06
1996.08.23	1.98	3.33	5.40	7.47	7.92	8.28	9.00
1997.10.23	1.71	2.88	4.14	5.67	5.94	6.21	6.66
1998.03.25	1.71	2.88	4.14	5.22	5.58	6.21	6.66
1998.07.01	1.44	2.79	3.96	4.77	4.86	4.95	5.22
1998.12.07	1.44	2.79	3.33	3.78	3.96	4.14	4.50
1999.06.10	0.99	1.98	2.16	2.25	2.43	2.70	2.88
2002.02.21	0.72	1.71	1.89	1.98	2.25	2.52	2.79
2004.10.29	0.72	1.71	2.07	2.25	2.70	3.24	3.60
2006.08.19	0.72	1.80	2.25	2.52	3.06	3.69	4.14
2007.03.18	0.72	1.98	2.43	2.79	3.33	3.96	4.41
2007.05.19	0.72	2.07	2.61	3.06	3.69	4.41	4.95

续表

调整时间	活期存款	定期存款					
		三个月	半年	一年	二年	三年	五年
2007.07.21	0.81	2.34	2.88	3.33	3.96	4.68	5.22
2007.08.22	0.81	2.61	3.15	3.60	4.23	4.95	5.49
2007.09.15	0.81	2.88	3.42	3.87	4.50	5.22	5.76
2007.12.21	0.72	3.33	3.78	4.14	4.68	5.40	5.85
2008.10.09	0.72	3.15	3.51	3.87	4.41	5.13	5.58
2008.10.30	0.72	2.88	3.24	3.60	4.14	4.77	5.13
2008.11.27	0.36	1.98	2.25	2.52	3.06	3.60	3.87
2008.12.23	0.36	1.71	1.98	2.25	2.79	3.33	3.60
2010.10.20	0.36	1.91	2.20	2.50	3.25	3.85	4.20
2010.12.26	0.36	2.25	2.50	2.75	3.55	4.15	4.55
2011.02.09	0.40	2.60	2.80	3.00	3.90	4.50	5.00
2011.04.06	0.50	2.85	3.05	3.25	4.15	4.75	5.25
2011.07.07	0.50	3.10	3.30	3.50	4.40	5.00	5.50
2012.06.08	0.40	2.85	3.05	3.25	4.10	4.65	5.10
2012.07.06	0.35	2.60	2.80	3.00	3.75	4.25	4.75
2014.11.22*	0.35	2.35	2.55	2.75	3.35	4.00	—
2015.03.01	0.35	2.10	2.30	2.50	3.10	3.75	—
2015.05.11	0.35	1.85	2.05	2.25	2.85	3.50	—
2015.06.28	0.35	1.60	1.80	2.00	2.60	3.25	—
2015.08.26	0.35	1.35	1.55	1.75	2.35	3.00	—
2015.10.24	0.35	1.10	1.30	1.50	2.10	2.75	—

注：*自2014年11月22日起，中国人民银行不再公布金融机构人民币五年期定期存款基准利率。

四、利率市场化

利率市场化是我国金融领域最核心的改革之一。近年来，我国的利率市场化改革加快推进，并取得了关键进展。

（一）贷款利率市场化

2004年10月，我国取消了人民币贷款利率上限，并把贷款利率下限扩大到基准利率的0.9倍。2012年6月8日和7月6日，先后两次将人民币贷款利率下限由基准利率的0.9倍逐步扩大至0.7倍。2013年7月20日，全面放开金融机构贷款利率管制，取消金融机构贷款利率0.7倍的下限，由金融机构根据商业原则自主确定贷款利率水平。同时，改变贴现利率在再贴现利率基础上加点确定的方式，由金融机构自主确定；取消农村信用社贷款利率2.3倍的上限，由农村信用社根据商业原则自主确定。但对个人住房贷款利率浮动区间不作调整，仍保持原区间不变，继续严格执行差别化的住房信贷政策。中国人民银行继续公布贷款基准利率。

（二）存款利率市场化

2004年10月，我国对存款利率实行上限管理，允许金融机构人民币存款利率下浮。2012年6月8日，将人民币存款利率上限由基准利率调整为基准利率的1.1倍。2014年11月22日、2015年3月1日和5月11日，先后三次将金融机构人民币存款利率上限由基准利率的1.1倍逐步调整为1.2倍、1.3倍和1.5倍。2015年8月26日，进一步放开了一年期以上（不含一年期）定期存款利率浮动上限。2015年10月24日，不再对商业银行和农村合作金融机构等设置存款利率浮动上限，标志着我国利率管制的全面放开。

（三）其他

1996年以来，我国先后放开银行间拆借市场利率、债券回购和现券交易利率等利率，实现了货币市场利率和债券市场利率市场化。2000年以来，陆续放开境内外币贷款、大额外币存款和一年期以上小额外币存款利率，2015年5月11日又进一步在全国范围内放开小额外币存款利率上限，外币存贷款利率实现市场化。

第四节　存款保险制度

一、存款保险制度的基本概念

存款保险，是指吸收存款的银行业金融机构（以下简称投保机构）交纳保费形成存款保险基金，当投保机构经营出现问题时，存款保险基金管理机构依照规定使用存款保险基金对存款人进行及时偿付,并采取必要措施维护存款以及存款保险基金安全的制度。存款保险制度是市场经济条件下保护存款人权益的重要措施,是金融安全网的重要组成部分。目前,世界上有110多个国家和地区建立了存款保险制度。金融稳定理事会(FSB)的24个成员中,已有23个建立了存款保险制度。

2015年5月1日,我国《存款保险条例》施行,存款保险制度正式建立。目前,全国3 000多家投保机构已依法办理投保手续。总体上看,自《存款保险条例》施行以来,各方反应积极正面,大中小银行存款格局保持稳定,银行业金融机构经营秩序正常,存款保险制度出台和实施平稳有序。

二、存款保险制度的作用与意义

存款保险作为一项基础性金融制度,其建立有利于完善我国金融安全网,建立金融稳定的长效机制,维护金融市场和公众对我国银行体系的信心,有利于进一步理顺政府和市场的关系,深化金融改革,维护金融稳定,促进我国金融体系健康发展,对于更好地保护存款人利益,促进银行业健康发展,进一步提高我国银行业的发展水平和竞争力,提升银行业服务实体经济的水平,都具有十分重要的意义。

(一) 有利于更好地保护存款人的权益

存款保险制度能够加强和完善对存款人的保护,维护金融市场和公众对我国银行体系的信心。一是通过制定和公布《存款保险条例》,以立法形式为社会公众的存款安全提供明确的制度保障。二是加强对金融机构的市场约束,促使金融机构审慎稳健经营,从而更好地保障存款人的存款安全。

(二) 有利于提升我国金融体系稳健性

一般来说,完善的金融安全网由中央银行最后贷款人职能、审慎监管和存款保险制度三部分组成。建立存款保险制度是对现有金融安全网的完善和加强,通过加强存款保险与央行金融稳定、宏观审慎管理以及金融监管的协调配合,共同提高我国金融安全网整体效能。通过实行基于风险的差别费率,促使银行审慎稳健经营。即使个别银行经营出现问题,存款保险作为市场化的处置平台,也可以灵活运用收购、承接等市场化的方式,进行快速、高效的处置,在充分保护存款人、尽可能减少处置成本的同时，保持金融服务不中断，维护银行体系的稳健性。

（三）有利于中小银行的改革和发展

建立存款保险制度有利于强化市场纪律约束，为银行业尤其是中小银行健康发展提供坚实的制度保障，为加快发展民营银行和中小银行、加大对小微企业的金融支持保驾护航。

一是存款保险制度可以提升中小银行的信用和竞争力，为大、中、小银行创造一个公平竞争的环境，推动各类银行业金融机构同等竞争和均衡发展。二是存款保险制度通过加强对存款人的保护，稳定市场预期，可以为中小银行创造一个稳健经营的市场环境，使小银行具备与大银行平等竞争的制度基础。三是存款保险制度建立后，通过对不同经营质量的金融机构实行差别费率，并采取及时纠正措施，有利于进一步促进中小银行、民营银行审慎经营和健康发展，逐步形成更加合理的金融结构和布局，促进形成一个有效竞争、可持续发展的小金融机构体系，丰富基层金融服务和供给。

三、存款保险制度的核心要素

（一）实行强制保险

为保证存款保险制度的公平性和合理性，存款保险将覆盖我国境内依法设立的所有存款类金融机构。

《存款保险条例》规定的存款保险具有强制性。在我国境内设立的投保机构，包括商业银行（含外商独资银行和中外合资银行）、农村合作银行、农村信用合作社等，都应当参加存款保险。同时，参照国际惯例，规定外国银行在中国的不具有法人资格的分支机构以及中资银行海外分支机构的存款原则上不纳入存款保险，但我国与其他国家或者地区之间对存款保险制度另有安排的除外。

存款保险覆盖存款类金融机构吸收的人民币和外币存款，包括个人储蓄存款和企业及其他单位存款的本金和利息，仅金融机构同业存款、金融机构高级管理人员在本机构的存款，以及其他经存款保险基金管理机构规定不予承保的存款除外。将少数特定存款排除在存款保险保护范围之外，有利于发挥市场约束机制作用，防范道德风险，促进银行业稳健发展。

（二）实行限额偿付

存款保险的偿付限额为 50 万元，约为 2013 年我国人均 GDP 的 12 倍（国际上一般是 2～5 倍），能够为 99.63% 的存款人（包括各类企业）提供全额保护。

实行限额偿付，并不是限额以上存款就没有安全保障。按照《存款保险条例》的规定，存款保险基金可以用于向存款人偿付被保险存款，也可以用于支持其他投保机构对有问题的投保机构进行收购或者风险处置。从已建立存款保险制度的国家和地区的经验看，多数情况下是先使用存款保险基金支持其他合格的投保机构对出现问题的投保机构进行"接盘"，收购或者承接其业务、资产、负债，使存款人的存款转移到其他合格的投保机构，继续得到全面保障。确实无法由其他投保机构收购、承接的，才按照最高偿付限额直接偿付被保险存款。此外，超过最高偿付限额的存款，还可以依法从投保机构清算财产中受偿。

（三）基准费率和风险差别费率相结合

存款保险实行基准费率与风险差别费率相结合的制度，初期以基准费率起步，逐步会过渡到差别费率，以促进公平竞争，促使银行稳健经营。费率标准由存款保险基金管理机构根据经济金融发展状况、存款结构情况以及存款保险基金的累积水平等因素制定和调整，报国务院批准后执行。各投保机构的适用费率，则由存款保险基金管理机构根据投保机构的经营管理状况和风险状况等因素确定。

实行基准费率和风险差别费率相结合的费率制度，有利于促进公平竞争，形成正向激励，强化对投保机构的市场约束，促使其审慎经营，健康发展。综合考虑国际经验、金融机构承受能力和风险处置需要等因素，我国存款保险费率水平低于绝大多数国家存款保险制度起步时的水平以及现行水平。

（四）存款保险基金"取之于市场，用之于市场"

存款保险基金主要由存款类金融机构交纳的保费组成，存款人不需要交纳。存款保险基金的运用遵循安全、流动和保值增值的原则，限于存放中国人民银行，投资政府债券、中央银行票据、信用等级较高的金融债券及其他高等级债券,以及国务院批准的其他资金运用形式。

(五) 充分发挥存款保险及时防范和化解金融风险的作用

为做到风险的早发现和少发生,借鉴国际上比较成功的做法,在不改变现行银行业监督管理体制的前提下,按照存款保险基金管理机构与银行业监督管理机构适当分工、各有侧重的原则,赋予存款保险信息收集和核查、早期纠正及风险处置等必要职责。主要包括:对于与保费计算有关的情况进行核查,对投保机构报送的信息、资料的真实性进行核查;参加金融监管协调机制,通过信息共享获取相关信息,不能满足控制存款保险基金风险、保证及时偿付、确定差别费率等需要的,可以要求投保机构及时报送其他相关信息;发现投保机构存在资本不足等影响存款安全以及存款保险基金安全的情形的,可以对其提出风险警示;在投保机构的资本充足率大幅度下降,严重危及存款安全以及存款保险基金安全时,可以采取必要的风险纠正措施。这意味着,《存款保险条例》规定的存款保险基金不是单纯的出纳或者"付款箱"。

此外,为减少存款保险基金的损失,并与现行法律做好衔接,《存款保险条例》还规定,存款保险基金管理机构在处置问题投保机构时,既可以直接偿付,也可以灵活运用委托偿付、支持合格投保机构收购或者承担问题投保机构资产负债等方式,充分保护存款人利益,实现基金使用成本最小化,在快速、有效处置金融风险的同时,确保银行业正常经营和金融稳定。

＃ 第三章 国 库

第三章 国 库

国库是办理预算收入的收纳、划分、留解、退付和库款支拨的专门机构。按照现行法律法规规定，中国人民银行经理国库。国库的稳健、高效运行，对保障国家预算执行，促进社会经济发展，维护社会稳定，加强财政政策与货币政策的协调配合，都具有十分重要的作用。

第一节 国库收入

人们的日常生活与国库有着密切的联系，国库的各项收入都直接或间接来自每一个人。例如，在税收收入中，个人收入要缴纳个人所得税，办企业、经商、投资要缴纳企业所得税、增值税等，买卖、出租房屋要缴纳房产税、契税。购物、消费活动也间接形成了增值税、消费税等各种税收收入来源。与此同时，也不时会涉及各项行政性收费、罚没款等非税收入。税收收入和非税收入最终都进入国库，形成国库收入。

一、国库收入分类

按照收入的形式，国库收入主要包括税收收入、非税收入两大类。

税收收入是国家财政收入最主要的来源。税收是国家为满足社会公共需要，凭借公共权力，按照法律所规定的标准和程序，参与国民收入分配，强制取得财政收入的一种特定分配方式。它体现了国家与纳税人在征收、纳税利益分配上的一种特殊关系，是一定社会制度下的一种特定分配关系。税收与其他分配方式相比，具有强制性、无偿性和固定性的特征，习惯上称为税收的"三性"。

非税收入是指除税收以外，由各级政府、国家机关、事业单位、代行政府职能的社会团体及其他组织依法利用政府权力、政府信誉、国家资源、国有资产或提供特定公共服务、准公共服务取得的财政性资金，是政府财政收入的重要组成部分。

二、国库收入收缴方式

按照资金收缴方式不同，国库收入收缴方式可分为纸质和电子两种。下面以税款为例，介绍国库收入收缴过程。

（一）纸质缴税方式

纳税人（含个人或缴款单位，下同）向征收机关申报纳税；由征收机关核定其应缴税金后，填制缴款书一式六联；纳税人持缴款书到其开户行（现金缴税的，可到任意一家银行网点）缴纳税款。经收银行（国库经收处）审核缴款书无误办理收款后，按规定将其中一联加盖业务印章后退给纳税人，并按规定及时将税款划缴国库。

（二）横向联网电子缴税方式

横向联网电子缴税主要有实时扣税、批量扣税和银行端缴税三种方式。

1. 实时扣税是指纳税人、税务机关和纳税人开户银行签订三方协议后，由税务机关向国库发起逐笔扣税信息，由国库将扣税信息转发至付款银行，付款银行收到信息后予以扣款，并将回执实时返回国库，再由国库转发给税务机关的一种电子缴税方式。实时扣税减少了联网前纳税人缴纳税款要去税务部门申报并开具税收缴款书再到开户银行办理资金划转的多个环节，纳税人可以在税务机关现场或在网上直接申报，税款从账户中自动扣除。

2. 批量扣税是指纳税人、税务机关和纳税人开户银行签订三方协议后，税务部门向国库发起批量扣税信息，由国库将扣税信息转发至纳税人指定的付款银行，付款银行收到信息后予以扣款，并将扣款结果回执发送国库，由国库转发给税务机关的一种电子缴税方式。使用批量扣税方式缴款，纳税人只需与税务、开户银行签订三方协议，约定纳税时间与金额，税款在签约账户足额的前提下就会自动扣除。

3. 银行端缴税是指纳税人在商业银行（信用社）的报税系统上申报或查询纳税明细信息后，确认是否付款，若同意付款，则付款银行予以扣款，扣款结果回执发送至国库，再由国库转发至税务机关的一种电子缴税方式。这种方式无须签订三方协议。

使用哪种方式，取决于纳税人的意愿。如果纳税人是个体经营户，纳税采用定期定额方式，比较适合批量扣税；如果纳税人每月通过网上申报软件申报纳税，适合选择由纳税人网上自行发起实时缴税；如果纳税人需要每月到税务机关上门申报纳税，适合选择由税务机关发起或纳税人在办税服务厅自行发起实时缴税。没有办理税务登记的纳税人因为代开发票缴纳税款、缴纳税务登记证工本费，或者已经签订三方扣税协议的纳税人无法通过实时扣税、批量扣税方式正常缴纳税款时，可以在办税服务厅通过银联卡缴税方式缴纳税款。银联卡缴税是一种较多适用于在办税服务厅发起的实时缴税方式。

实行电子缴税，纳税人可以一次完成纳税的整个过程，解决了纳税人在税务、银行部门之间多次往返的问题。通过网上申报、电话申报等多元化的纳税申报方式，纳税人将真正实现全天候24小时足不出户缴纳税款，从而节省缴税成本，极大地方便纳税人。推行财税库银横向联网电子缴税，财政部门、国税机关、人民银行、开户银行不向纳税人收取任何费用。如果在办理电子缴税业务中遇到问题，纳税人可以向当地国税机关、人民银行国库部门或开户银行咨询。

三、国库收入方面涉及金融消费者权益保护的内容

银行业金融机构各网点作为国库经收处，均应按照有关规定及时准确地收纳纳税人缴纳的国家预算收入款项，在提供金融服务过程中不得出现下列侵犯消费者权益的情况：

1. 向纳税人收取任何费用；
2. 无理拒收纳税人缴纳的预算收入；
3. 无理拒收纳税人缴纳的小额税款，特别是无理拒办未在本行开立存款账户或以现金缴税的纳税行为；
4. 办理收入退税时，延迟将退付资金给纳税人；
5. 其他不符合规定的情况。

第二节　国库支出

政府对公共财政收入的资金重新进行分配，一般通过国库支出的方式实现，国库支出实际上就是以现金形式短期流出国库的财政支出。国库支出资金最终都直接或间接用于每位公民，即"取之于民、用之于民"。

一、国库支出分类

根据政府支出功能分类，国库支出资金用于四个方面：一是一般政府服

务，包括一般公共管理、国防、公共秩序与安全等；二是社会服务，主要包括政府直接向社会、家庭和个人提供的服务，如教育、卫生、社会保障等；三是经济服务，主要包括政府经济管理、提高运行效率的支出，如交通、电力、农业和工业等；四是其他支出，如利息、政府间的转移支付等。

二、国库支出方式

按照支出流程的不同，当前我国国库支出主要有实拨资金、财政直接支付、财政授权支付、国库直接支付四种方式。

（一）实拨资金。由财政部门开具拨款凭证，经由国库逐笔将款项支付到预算单位、下级财政部门或相关非预算单位等。

（二）财政直接支付。由财政部门开具支付令，通过代理银行先行垫付，再与国库清算资金。

（三）财政授权支付。由预算单位根据财政授权，自行开具支付令，通过代理银行先行垫付，再与国库清算资金。

（四）国库直接支付。由财政部门直接向国库发出支付指令，通过国库将资金支付到收款人或用款单位账户。

工资支出、购买支出、大型采购、转移支出一般通过财政直接支付办理。未实行财政直接支付的购买支出和零星支出，采用财政授权支付。越来越多的财政补贴资金以国库直接支付方式，直接发放到受补贴对象账户。

三、国库支出方面涉及金融消费者权益保护的内容

银行业金融机构有关网点在办理国库支出业务时，应按照有关规定及时准确地将国家预算支出资金划转至收款人账户，在提供金融服务过程中不得截留、挪用、占压国库支出资金，不得延迟转入收款人账户。

第三节 国　　债

一、国债概述

1. 国债的概念

国债是由国家发行的债券，是中央政府为筹集财政资金而发行的一种政府

债券,是中央政府向投资者出具的、承诺在一定时期支付利息和到期偿还本金的债权债务凭证。由于国债的发行主体是国家,所以它具有最高的信用度,被公认为是最安全的投资工具。

2. 国债的主要种类

1981年以来,我国所发行的国债按券面形式主要包括以下五类:无记名国债、国债收款单、储蓄国债(凭证式)、储蓄国债(电子式)和记账式国债。

(1) 无记名国债。无记名国债是一种票面上不记载债权人姓名或单位名称,以实物券面形式发行的国债。无记名国债到期一次还本付息,发行对象为企业、政府机关、社会团体、部队、事业单位及个人。1997年财政部停止发行该类国债,2000年5月,最后一期无记名国债到期兑付,标志着该类品种在中国国债市场全面退出。

(2) 国债收款单。国债收款单是1982—1988年财政部以收款单形式向企事业单位和个人发行的12种债券,分别为1982—1988年单位国库券、1985—1988年个人国库券、1987年国家重点建设债券,发行金额为218.66亿元,于1997年全部到期。

(3) 储蓄国债(凭证式)。储蓄国债(凭证式)是指面向城乡居民和社会各类投资者发行(2012年起仅面向个人投资者发行),以"中华人民共和国储蓄国债(凭证式)收款凭证"记录债权的不可上市流通的人民币债券。其票面形式类似于银行定期存单。储蓄国债(凭证式)原名凭证式国债,2016年12月已公告更名为现名称,2017年起更名启用新版收款凭证。

(4) 储蓄国债(电子式)。储蓄国债(电子式)是指面向个人投资者发行,以电子记账方式记录债权的不可上市流通的人民币债券。

(5) 记账式国债。记账式国债是指以电子记账方式记录债权的可流通国债,记账式国债的券面特点是无纸化,投资者购买时并没有得到实物券或凭证,而是由债券登记托管机构在其债券账户上进行记录。记账式国债主要是针对有现金管理需求和较强理财能力的机构投资者进行资产保值、增值的要求而设计的国债品种。

二、储蓄国债

(一) 我国储蓄国债的种类

储蓄国债是一国政府主要面向本国个人投资者发行的、满足长期储蓄性投资需求的不可流通的国债品种。按债权记录方式的不同,我国的储蓄国债分为储蓄国债(凭证式)和储蓄国债(电子式)两种。

(二) 储蓄国债(凭证式)

我国自1994年开始发行纸质凭证形式的储蓄国债。2012年,人民银行、财政部联合发文,对储蓄国债(凭证式)的发售对象、承销方式、发行流程等事项进行了大幅度改革,由原来的承购包销改为代销。目前,储蓄国债(凭证式)主要具有如下特征:

1. 信用等级高,安全性好。储蓄国债(凭证式)是凭国家信用发行的公债,采取承办机构代销的发行方式,到期由财政部还本付息,信用等级高。

2. 储蓄国债(凭证式)仅面向个人投资者发售,不得向政府机关、企事业单位、社会团体等机构投资者发售。

3. 债券利率。在债券利率设计上,我国储蓄国债(凭证式)主要参照同期银行的储蓄存款利率,到期一次性还本付息,不计复利,逾期不加计利息。

4. 债券期限。我国发行过的储蓄国债(凭证式)期限包括一年期、两年期、三年期和五年期,以三年期和五年期的中期债券为主。

5. 债券的发行。储蓄国债(凭证式)采用单一平价发行方式,债券的购买以100元为起点,购买数额为100元的整数倍(根据发行文件规定,国债承销机构可视发售情况制定相应的购买限额,具体参见发行文件),而且有发行计划总量约束。发行对象主要是中国境内公民,发行渠道主要是通过储蓄国债承销团成员的营业网点,承销网点销售时需填制统一的"中华人民共和国储蓄国债(凭证式)收款凭证"。

6. 债券持有人。储蓄国债(凭证式)具有类似储蓄又优于储蓄的特点,主要面对追求稳健投资收益的工薪阶层和中老年人发售。

7. 债券的变现。目前,储蓄国债(凭证式)变现方式包括以下两种:一是到银行提前兑付。投资者购买国债后如需变现,可以随时到原购买网点提前兑付。提前兑付时，银行将按兑付本金的千分之一收取手续费，并按实际持有时间及相应的分档利率计付利息。二是到银行办理质押贷款。借款人可以持收款凭证和有效身份证件，按照《凭证式国债质押贷款管理办法》的规定，到原认购银行申请办理质押贷款。

8. 税收。我国储蓄国债（凭证式）购买人免交利息收入所得税。

9. 托管与兑付。储蓄国债（凭证式）发行后的债权管理由各承销机构自行负责。国债到期后，由财政部和中国人民银行按照各承销机构的承销数量将兑付资金划拨至各承销机构，再由债券持有人到认购网点办理相应兑付手续。

2004年6月和9月，我国先后发行了两期凭证式国债（电子记账），是为我国储蓄国债（电子式）发行进行的一次有意义的尝试。凭证式国债（电子记账）源于传统的凭证式国债，在发行基本条款上大体相似，二者在本质上是一致的，只是凭证式国债（电子记账）借助了记账式国债柜台交易系统，以电子记账取代了纸质凭证用于记录债权。

（三）储蓄国债（电子式）

储蓄国债（电子式），是指财政部在中华人民共和国境内发行，通过储蓄国债承销团成员面向个人投资者销售的、以电子方式记录债权的不可流通人民币债券。储蓄国债（电子式）已逐渐被广大居民接受，成为我国储蓄国债的主要品种之一。

储蓄国债（电子式）主要具有以下特点：

1. 信用等级高，安全性好。储蓄国债（电子式）是凭国家信用发行的公债，采取承办机构代销的发行方式，到期由财政部还本付息，信用等级高。通过电子记账方式记录债权，安全可靠。

2. 变现灵活，流动性较好。储蓄国债（电子式）存续期内，投资者可在规定的时间内到银行网点提前兑取。同时，投资者还可以到原购买银行办理国债质押贷款业务。

3. 利息免税，收益性好。储蓄国债（电子式）收益免缴利息收入所得税，到期实际收益高于相同期限银行储蓄存款的税后收益。并且，债券到期后转入资金账户的本息资金作为居民存款按活期存款利率计付利息。

4. 发售网点多，购买方便。截至2013年，储蓄国债（电子式）承销机构已经逐渐推广到全部的储蓄国债（凭证式）发售机构，全国有38家承销机构近8万个营业网点办理储蓄国债（电子式）销售和兑付业务，大部分城乡居民可以就近购买储蓄国债（电子式）。除了柜台购买之外，投资者还可以在部分银行的网上银行购买国债。

5. 记名国债，可以挂失。当投资者丢失债券账户号码、密码时，可向开立债券账户的银行提出挂失申请，并办理挂失手续。

6. 兑付方便。到期兑付时，承销机构于到期日将储蓄国债（电子式）本金和利息自动转入投资者指定的资金清算账户，投资者无须上门办理兑付业务。

（四）储蓄国债（凭证式）与储蓄国债（电子式）的比较

1. 申请购买手续不同。投资者购买储蓄国债（凭证式），可持现金直接购买；投资者购买储蓄国债（电子式），需在承销团成员处开立个人国债账户并指定对应的资金清算账户后购买。

2. 债权记录方式不同。储蓄国债（凭证式）债权采取填制"中华人民共和国储蓄国债（凭证式）收款凭证"的形式记录，由各承销银行和投资者进行管理；储蓄国债（电子式）以电子记账方式记录债权，采取二级托管体制，由各承办银行总行和中央国债登记结算有限责任公司统一管理。

3. 付息方式不同。储蓄国债（凭证式）为到期一次性还本付息；储蓄国债（电子式）付息方式分为到期一次还本付息和定期付息。财政部于付息日或还本日通过承销团成员向投资者支付利息或本金。

4. 兑付方式不同。储蓄国债（凭证式）购买后可随时办理提兑，从购买之日起持有期限不满半年的不计付利息，满半年后按实际持有天数与分档利率计付利息。储蓄国债（凭证式）到期后，需由投资者前往承销机构网点办理兑付事宜，逾期不加计利息。此外，投资者可按自愿原则选择承销机构提供的到期资金约定转存业务。储蓄国债（电子式）要在发行期结束后的规定时间后才能办理提兑。储蓄国债（电子式）持有到期后，承办银行自动将投资者应收本金和利息转入其资金账户，转入资金账户的本息资金作为居民存款按活期存款利率计付利息。

三、无记名国债及国债收款单的兑付

（一）无记名国债的兑付

1. 无记名国债兑付业务简要说明

截至2000年，我国发行的所有无记名国债均已到期，无记名国债持有者可到当地人民银行公布的商业银行兑付网点办理兑付业务，兑付利息按原有规定利率计付，逾期不加计利息。

对于1981年后发行的中华人民共和国国库券，由于持券人保管不慎，造成残破污损的，可视其残破污损程度予以兑付处理，但出现以下情况的，可不予兑付：一是无法鉴别是否确属真券的；二是残留部分不合乎最低兑付标准的；三是故意涂改、挖补、拼凑，使国库券残破污损的。

2. 真假债券的识别

真假债券主要差异有：纸质差异、颜色差异、底纹差异、油墨差异、图案差异和其他差异。

（1）纸质差异：真券使用的纸质手摸感觉平滑、质细、挺度强；假券所用的纸张是一般的胶版纸，稍带黄色，手感粗糙、纸质松软、平滑度低。

（2）颜色差异：真券图案各种颜色非常匀称，背面财政部印章与花纹套印，国徽图案层次清晰、红白分明、色彩鲜艳；假券颜色混浊、色泽灰暗、色彩深浅不一、图案线条模糊、图像反差度大、没有层次，印章周围圆边没有花纹延伸进去的印记。

（3）底纹差异：真券图案与金额字的底纹等都是由清晰明显的连续线条组成；假券采用电子扫描分色机分色，制作胶印版，经胶印完成的图案、花纹和线条是由四色模糊的、不连续的网点构成。

（4）油墨差异：真券使用的油墨，是印钞厂调制的特种油墨，其配方属于绝密，在冠字号码中所使用的油墨是磁性油墨，在磁性检测仪的检测下能迅速准确地鉴别真假债券。

（5）图案差异：假券图案套印不准，有明显错位现象，无水印图案或有仿制水印图案，仿制水印图案与真券位置偏差，且仿制水印图案由浅色油墨或颜色制成，字在假券表面，比较容易识别。

(6) 其他差异：包括规格差异和冠字号码差异等。

（二）国债收款单的兑付

截至 1997 年，我国发行的国债收款单均已到期，但由于部分经办单位和债权单位的机构、体制、人员发生了很大变化，有些债权单位关、停、并、转或者持券人死亡，其所持有的国债收款单所有权出现了转移、名称变更、收款单遗失等情况，导致部分国债收款单仍未兑付。目前仍持有未兑付的国债收款单的债权人，应及时与收款单属地人民银行国库部门取得联系，兑取国债收款单本息。

办理单位收款单兑付业务时，须提供的材料包括：收款单收据联、单位介绍信（介绍信上应注明收款单位名称、开户行账号和开户行名称）、单位经办人的身份证及复印件和联系电话。办理个人收款单兑付时，须提供的材料包括：收款单收据联、开户行账号和开户行名称、持单人身份证及复印件和联系电话。

特殊情况的收款单（收款单收据联存在，但债权人与持单人名称不一致，或者收款单收据联遗失的），也可以办理兑付。具体的兑付条件应咨询当地人民银行国库部门。

第四章 人民币汇率与外汇市场

您在我国国内消费或者进行其他支付时，只需要人民币就行了。但是如果您要出国留学或出国旅游，就需要兑换外汇了。外汇是国外汇兑的简称，是国际经济交往中不可或缺的媒介，是货币在国际经济交往中发挥世界货币职能的重要体现。本章将为您介绍一些有关外汇的基础知识。

第一节 外汇概述

一、外汇的概念

《中华人民共和国外汇管理条例》规定，外汇是指下列以外币表示的可以用做国际清偿的支付手段和资产：

（一）外币现钞，包括纸币、铸币；

（二）外币支付凭证或者支付工具，包括票据、银行存款凭证、邮政储蓄凭证、银行卡等；

（三）外币有价证券，包括债券、股票等；

（四）特别提款权；

（五）其他外汇资产。

二、外汇的基本特征

外汇是非主权货币，通常各国政府不会允许外国货币作为本国市场的计价和结算货币，也不会允许外国货币在本国境内流通和使用。

外汇一般具有可偿性。外汇必须是在国外能得到补偿的债权，具有可靠的物质偿付保证。

三、汇率及汇率的标价方法

（一）什么是汇率

如果将外汇当做一种商品，那么换汇实际上就是买卖外汇的过程。用人民币购买某国外币的价格就是人民币对该国外币的汇率。

汇率是各国货币之间相互交换时换算的比率，即一国货币单位用另一国货币单位所表示的价格。这种价格联系着不同国家的货币，使人们对各国货币能够直接进行比较。汇率又称为兑换率、外币行市、外汇行情、外汇牌价，或简称牌价或汇价。

（二）汇率的标价方法

外汇买卖不同于一般的商品买卖。一般商品的价格是用货币表示的，但不能反过来用商品表示货币的价格。外汇买卖是用货币购买货币，因此，汇率具有双向表示的特点。在本国货币与外国货币之间，既可用本国货币表示外国货币的价格，也可以用外国货币表示本国货币的价格，这取决于一国采用的不同标价方法。

目前，国际上使用的外汇标价方法有两种：直接标价法和间接标价法。

直接标价法又称价格标价法，是以本国货币来表示一定单位的外国货币的汇率表示方法。一般表示为1个单位或100个单位的外国货币能够折合多少本国货币。例如，中国外汇交易中心2013年6月28日人民币收盘报价为：人民币兑美元的汇率是6.1375元人民币/美元，表示1美元可以兑换6.1375元人民币。在直接标价法下，外汇汇率的升降和本国货币的价值变化成反比例关系：本国货币升值，汇率下降；本国货币贬值，汇率上升。例如，当1美元兑换6.20元人民币变为6.15元人民币时，表明人民币的汇率上升，美元的汇率下跌，即人民币升值，美元贬值。反之，当1美元兑换6.15元人民币变为6.20元人民币时，表明人民币的汇率下跌，美元的汇率上升，即人民币贬值，美元升值。大多数国家都采取直接标价法。

间接标价法又称数量标价法，是以外国货币来表示一定单位的本国货币的汇率表示方法。一般表示为1个单位或100个单位的本国货币能够折合多少外国货币。从1978年9月1日开始，纽约外汇市场改用间接标价法，以储备美元为标准公布美元与其他货币之间的汇价，但是，对英镑仍沿用直接标价法。例如，某日纽约外汇市场报价为：1英镑=1.5017美元；1美元=1.6538瑞士法郎；1美元=108.00日元。在间接标价法下，外汇汇率的升降和本国货币的价值变化成正比例关系：本国货币升值，汇率上升；本国货币贬值，汇率下降。

四、现钞和现汇的区别

现钞和现汇是外汇的两种不同形式。现汇是指从国外银行汇到国内的外币存款以及外币汇票、本票、旅行支票等银行可以通过电子划算直接入账的国际结算凭证。现钞指的是外币钞票,包括纸币、铸币。

在进行跨境贸易、投资等国际结算时,现汇的安全性、便捷性和规模性较现钞具有明显优势。现钞多用于零星小额支付,特别是在银行结算没有介入的主要针对个人消费者的商业服务网点,现钞要比现汇方便。

第二节 外汇市场

目前,我国境内外汇市场按交易主体的不同区分为银行间外汇市场和银行柜台外汇市场。

一、银行间外汇市场管理

(一)银行间外汇市场概述

银行间人民币外汇市场是指符合条件的境内银行、境内非银行金融机构、境内非金融机构和境外银行等机构之间通过中国外汇交易中心进行人民币与外币交易的市场。银行间外汇市场实行会员制管理,经核准的会员通过中国外汇交易中心的电子交易系统入市交易。银行间外汇市场的交易时间为每个交易日的9点30分至23点30分,周六、周日及中国法定节假日不开市。中国外汇交易中心对外公布北京时间16:30人民币兑美元即期询价成交价作为当日收盘价。

按交易品种不同,银行间外汇市场可分为即期外汇市场和外汇衍生品市场。即期外汇市场是指在成交后第二个营业日或第二个营业日以内交割的外汇市场,是外汇市场中最传统、最基本的交易品种;外汇衍生品市场包括外汇远期市场、外汇掉期市场、货币掉期市场和外汇期权市场。

(二)银行间外汇市场的交易币种

目前我国银行间外汇市场挂牌交易货币对包括:人民币兑美元、欧元、日元、港元、英镑、澳大利亚元、新西兰元、新加坡元、瑞士法郎、加拿大元、林吉特、卢布、泰铢、韩圆、南非兰特、沙特里亚尔和阿联酋迪拉姆17个。其中,人民币兑美元、欧元、日元、英镑、澳大利亚元、新西兰元、新加坡元、瑞士法郎、林吉特、卢布、韩圆、南非兰特、沙特里亚尔和阿联酋迪拉姆

14 个货币对为直接交易。会员的人民币对这些货币的头寸在银行间外汇市场直接形成供给与需求，通过直接交易做市商对自身头寸的灵活管理促使市场自求平衡，形成人民币对相应币种的直接汇率。

（三）银行间外汇市场交易方式和清算制度

1. 交易方式

银行间外汇市场交易系统主要提供竞价和询价等交易方式。竞价交易又称匿名交易，是指做市机构通过外汇交易系统匿名报价，会员通过点击匿名报价达成交易，交易达成后双方通过集中净额清算模式进行清算。询价交易指有双边授信关系的交易双方，通过外汇交易系统双边协商交易要素达成交易，交易达成后通过双边清算或净额清算等其他清算模式进行清算。

2. 清算制度

银行间外汇市场清算制度包括集中净额清算和双边清算等。集中净额清算指交易达成后，第三方作为中央清算对手方，对同一清算日的交易按币种进行轧差，根据轧差后的应收或应付资金分别向交易双方独立进行资金清算。双边清算指交易达成后，由交易双方按交易要素直接进行资金清算。目前，我国银行间人民币对外汇即期竞价交易采用集中净额清算方式，人民币对外汇即期和衍生品询价交易采用双边清算和集中净额清算等方式。

（四）银行间外汇市场结构

目前，银行间外汇市场实行多层次的做市商制度。做市商是指经监管机构核准，在我国银行间外汇市场进行人民币与外币交易时，承担向市场会员持续提供买、卖价格义务的银行间外汇市场会员。做市商履行做市义务，为市场提供流动性。目前我国银行间外汇市场按交易产品分为即期做市商、远期掉期做市商和综合做市商，即期尝试做市机构和远期掉期尝试做市机构。随着人民币外汇直接交易业务的发展，银行间外汇市场陆续引入人民币对各直接交易货币做市商。

二、银行对客户外汇市场管理

银行对客户外汇市场是指经外汇管理部门批准经营结汇、售汇业务的银行为客户办理人民币与其他货币之间兑换业务的市场。

银行开展对客户结售汇业务、自身结售汇业务以及银行间外汇交易形成的人民币和外币的头寸应满足外汇管理部门设定的结售汇综合头寸限额要求。

第三节　人民币汇率

目前，我国实行以市场供求为基础、参考一篮子货币进行调节、有管理的浮动汇率制度。中国人民银行授权中国外汇交易中心于每个工作日上午9点15分对外公布当日人民币兑美元、欧元、日元、港元、英镑、澳大利亚元、新西兰元、新加坡元、瑞士法郎、加拿大元、林吉特、卢布、韩圆、南非兰特、沙特里亚尔和阿联酋迪拉姆汇率中间价，该汇率中间价适用于发布后到下一个汇率中间价发布前。

一、银行间外汇市场汇率

银行间外汇市场实行浮动区间管理。人民币兑美元交易价在中国外汇交易中心对外公布的当日人民币兑美元中间价上下1%的幅度内浮动；人民币兑欧元、日元、港元、英镑、加拿大元、澳大利亚元、新西兰元、新加坡元交易价在中国外汇交易中心公布的人民币对该货币汇率中间价上下3%的幅度内浮动；人民币兑卢布、林吉特、瑞士法郎、韩圆、南非兰特、沙特里亚尔和阿联酋迪拉姆交易价在中国外汇交易中心公布的人民币对该货币汇率中间价上下5%的幅度内浮动。

二、银行对客户交易汇率

银行对客户一般挂牌三种汇率，分别是现汇买入价、现钞买入价、现汇（钞）卖出价。所谓买入、卖出价，是从银行角度出发的。现钞（汇）买入价是外汇指定银行从客户买入外币现钞（汇）的价格，也就是客户办理现钞（汇）结汇的汇率；现钞（汇）卖出价是外汇指定银行向客户卖出外币现钞（汇）的价格，也就是客户办理现钞（汇）售汇的汇率。

通常来说，由于现汇可以直接进行电子结算，入账后即变为生息资产，并且银行买入现钞后一般要积累到一定数额后，才将其运送并存入外国银行调拨使用，银行为此要承担相应的利息损失以及现钞调运过程中的运费、保险费等支出，因此银行从客户买入现钞所出的价格低于买入现汇的价格，即一般所说的现钞买入价要低于现汇买入价。而银行向客户报出的现汇卖出价与现钞卖出价相同。

2014年7月1日起，银行可基于市场需求和定价能力对客户自主挂牌人民币兑各种货币汇价，现汇、现钞挂牌买卖价没有限制，根据市场供求自主定价。银行应建立健全挂牌汇价的内部管理制度，有效防范风险，避免不正当竞争。

第四节　外汇管理

一、外汇管理的定义

外汇管理是指一国政府授权货币当局或其他机构，对外汇的收支、买卖、借贷、转移以及国际间结算、外汇汇率和外汇市场等实行的管制行为。

二、我国现行外汇管理框架

我国外汇管理部门已建立了一个涵盖居民、非居民、自然人和法人等各类主体的侧重于功能监管的外汇管理制度体系。

（一）经常项目外汇管理

经常项目，通常是指一个国家或地区对外交往中经常发生的交易项目，包括贸易及服务、收益、经常转移，其中贸易及服务是最主要的内容。我国已于1996年实现人民币经常项目可兑换，只要购付汇是真实用于货物贸易、服务贸易等经常项目用途，均予以满足。管理内容主要是货物贸易、服务贸易、个人外汇、经常项目外汇账户四个方面。

（二）资本项目外汇管理

资本项目又称资本和金融项目，包括资本账户和金融账户。资本账户包括移民转移、债务减免等资本性转移。金融账户包括直接投资、证券投资和其他投资。我国没有完全放开资本项目，而是在有效防范风险的前提下，有选择、分步骤地放宽对跨境资本交易活动的限制，逐步实现资本项目可兑换。截至2015年底，根据国际货币基金组织《汇兑安排与汇兑限制年报》对资本项目交易的分类标准，在 7 大类共 40 项资本项目交易中，已有 37 项达到了部分可兑换及以上水平，占 92.5%，不可兑换项目仅剩 3 项。

（三）金融机构外汇业务管理

外汇管理部门履行银行、代兑机构、个人本外币兑换特许机构的结售汇市场准入管理和保险经营机构、证券公司、基金管理公司、财务公司、信托公司等非银行金融机构外汇业务所涉账户管理、资金汇兑的监管和统计监测。非银行金融机构外汇业务管理主要包括外汇资本金账户的开立与关闭、资金汇兑、跨境投资、保险经营机构的外汇保险业务以及证券公司发行（或代理发行）、买卖（或代理买卖）外币有价证券、财务公司内部结售汇业务等。

（四）国际收支统计与监测

国家对居民与非居民之间的一切经济交易、对外金融资产和负债存量，以及跨境交易资金流动进行统计、监测和分析，实行国际收支统计申报制度。由机构或个人直接向外汇管理部门申报相关信息的，称为直接申报。非银行机构或个人通过金融机构申报其涉外收付款的，称为间接申报。直接申报的主体目前主要是金融机构，主要包括对外金融资产负债和交易统计制度、中资金融机构外汇资产负债统计制度等内容。此外，我国还建立了国际收支统计专项调查制度，如贸易信贷调查制度等，辅助采集特定交易信息。外汇管理部门根据申报、调查以及其他管理部门的数据加工编制国际收支统计相关报表，综合反映我国涉外经济状况，为社会各界提供经济分析、经营决策所需的信息。

（五）外汇储备管理

根据国际货币基金组织的定义，外汇储备是货币当局控制并随时可利用的对外资产，其形式包括货币、银行存款、有价证券、股本证券等，主要用于直接弥补国际收支失衡，或通过干预外汇市场间接调节国际收支失衡等用途。外汇储备管理遵循安全、流动和保值增值的原则，开展多元化投资，创新多层次运用。目前，外汇储备实行国际资产管理行业普遍采用的投资基准管理模式，基准体系包括战略性资产配置、战术性投资策略、投资组合管理和交易执行等多个层次，有效规避风险，捕捉投资机会。此外，按照市场化原则建立委托贷款等渠道，调节外汇市场资金供求，为我国金融机构及外汇市场参与主体扩大对外经贸往来提供良好的基础条件和融资环境。

第五节　个人外汇业务

个人外汇业务按照交易主体区分境内与境外个人外汇业务，按照交易性质区分经常项目和资本项目个人外汇业务，我国按上述分类对个人外汇业务进行管理。

一、经常项目个人外汇业务

个人经常项目项下外汇收支分为经营性外汇收支和非经营性外汇收支。经营性外汇收支是指从事货物贸易进出口的外汇收支。非经营性外汇收支是指贸易外汇收支之外的其他经常项目外汇收支。

对于个人开展对外贸易产生的经营性外汇收支，视同机构按照货物贸易的有关原则进行管理。对于个人结汇和境内个人购汇实行年度总额管理，个人不得以分拆等方式规避总额管理。年度总额均为每人每年等值5万美元，外汇管理部门根据国际收支状况对年度总额进行调整。境内个人、境外个人结汇和境内个人购汇在年度总额以内的，凭本人有效身份证件直接在银行办理；超过年度总额的，凭本人有效身份证件和规定的证明材料在银行办理。

（一）个人经常项目项下经营性外汇收支业务

1. 个人对外贸易经营者办理对外贸易购付汇、收结汇应通过本人的外汇结算账户进行；其外汇收支、国际收支申报按机构管理。

个人对外贸易经营者指依法办理工商登记或者其他执业手续，取得个人工商营业执照或者其他执业证明，并按照国务院商务主管部门的规定，办理备案登记，取得对外贸易经营权，从事对外贸易经营活动的个人。

2. 个体工商户委托有对外贸易经营权的企业办理进口的，本人凭其与代理企业签订的进口代理合同或协议购汇，所购外汇通过本人的外汇结算账户直接划转至代理企业经常项目外汇账户。

个体工商户委托有对外贸易经营权的企业（代理方）办理出口的，由代理企业收汇。代理企业收汇后可凭委托代理协议将外汇划转给委托方，也可结汇将人民币划转给委托方。

3. 境外个人旅游购物贸易方式项下的结汇，凭本人有效身份证件及个人旅游购物报关单办理。

（二）个人经常项目项下非经营性外汇收支业务

1. 个人汇款业务

（1）个人从境外收入的经常项目项下非经营性外汇可直接在银行办理入账手续。

（2）境内个人从外汇储蓄账户向境外汇出外汇用于经常项目支出的，当日累计等值5万美元以下（含）的，直接在银行办理；超过等值5万美元的，凭经常项目项下有交易额的真实性凭证在银行办理。手持外币现钞汇出当日累计等值1万美元以下（含）的，凭本人有效身份证件在银行办理；超过上述金额的，凭经常项目项下有交易额的真实性凭证、经海关签章的《中华人民共和国海关进境旅客行李物品申报单》或本人原存款银行外币现钞提取单据办理。

（3）境外个人经常项目外汇汇出境外，按以下规定在银行办理：①外汇储蓄账户内外汇汇出，凭本人有效身份证件办理；②手持外币现钞汇出，当日累计等值1万美元以下（含）的，凭本人有效身份证件办理；超过上述金额的，还应提供经海关签章的《中华人民共和国海关进境旅客行李物品申报单》或本人原存款银行外币现钞提取单据；③未使用的境外汇入外汇，可以凭本人有效身份证件在银行办理原路汇回；④境外个人在境内取得的经常项目项下合法人民币收入，可以凭本人有效身份证件及相关证明材料在银行办理购汇及汇出。

2. 个人结售（购）汇业务

银行结售汇业务是指银行为客户办理的人民币与外币之间的兑换业务。结汇是指客户将外汇卖给银行。售汇是指客户向银行购买外汇，从银行角度来说，是售汇，从客户角度来说，是购汇。

（1）个人结汇

对于境内个人和境外个人结汇均实行年度总额管理，年度总额以内的，直接在银行办理。

①境内个人经常项目项下非经营性结汇超过年度总额的，凭本人有效身份证件及以下证明材料在银行办理：

捐赠：经公证的捐赠协议或合同。捐赠须符合国家规定。

赡家款：直系亲属关系证明或经公证的赡养关系证明、境外给付人相关收入证明，如银行存款证明、个人收入纳税凭证等。

遗产继承收入：遗产继承法律文书或公证书。

保险外汇收入：保险合同及保险经营机构的付款证明。投保外汇保险须符合国家规定。

专有权利使用和特许收入：付款证明、协议或合同。

法律、会计、咨询和公共关系服务收入：付款证明、协议或合同。

职工报酬：雇佣合同及收入证明。

境外投资收益：境外投资外汇登记证明文件、利润分配决议或红利支付书或其他收益证明。

其他：相关证明及支付凭证。

②境外个人经常项目项下非经营性结汇超过年度总额的，凭本人有效身份证件及以下证明材料在银行办理：

房租类支出：房屋管理部门登记的房屋租赁合同、发票或支付通知。

生活消费类支出：合同或发票。

就医、学习等支出：境内医院（学校）收费证明。

其他：相关证明及支付凭证。

上述结汇单笔等值5万美元以上的，应将结汇所得人民币资金直接划转至交易对方的境内人民币账户。

③个人手持外币现钞结汇，按照以下规定办理：

本年度未超过年度结汇总额的个人手持外币现钞结汇，当日外币现钞结汇累计金额在等值5 000美元以下（含）的，凭本人有效身份证件在银行办理；当日累计金额超过等值5 000美元的，凭本人有效身份证件、本人经海关签章的《中华人民共和国海关进境旅客行李物品申报单》或本人原存款银行外币现钞提取单据在银行办理。

本年度已超过年度结汇总额的个人手持外币现钞结汇，经常项目项下的，凭本人有效身份证件、本人海关进境申报单或本人原存款银行外币现钞提取单据以及有交易额的相关证明材料在银行办理。

（2）个人购汇

①对于境内个人经常项目项下非经营性购汇实行年度总额管理，年度总额

以内的，直接在银行办理；超过年度总额的，凭本人有效身份证件和有交易额的相关证明材料在银行办理。个人经常项目下非经营性购汇，购汇资金来源应限于人民币现钞、本人或其直系亲属的人民币账户和银行卡内资金。

②境外个人经常项目合法人民币收入购汇及未用完的人民币兑回，按以下规定办理：在境内取得的经常项目合法人民币收入，凭本人有效身份证件和有交易额的相关证明材料（含税务凭证）办理购汇；原兑换未用完的人民币兑回外汇，凭本人有效身份证件和原兑换水单办理，原兑换水单的兑回有效期为自兑换日起 24 个月；对于当日累计兑换不超过等值 500 美元（含）以及离境前在境内关外场所当日累计不超过等值 1 000 美元（含）的兑换，可凭本人有效身份证件办理。

（3）电子银行个人结售汇业务

电子银行个人结售汇业务是指通过网上银行、电话银行、自助终端等银行非柜台渠道办理的个人结售汇业务。

①境内个人年度总额以内经常项目非经营性结售汇和境外个人年度总额以内经常项目非经营性结汇可通过电子银行办理；除上述情况以外的个人结售汇业务应按规定通过银行柜台办理。

②办理电子银行个人结售汇业务的个人，应具有凭以下有效身份证件（不含临时证件）开立的人民币结算账户或外汇储蓄账户：境内个人的中华人民共和国居民身份证；外国人（包括无国籍人）的外国护照；港澳同胞的港澳居民来往内地通行证，台湾同胞的台湾居民来往大陆通行证。

个人办理电子银行个人结售汇业务时，应当遵守有关结售汇年度总额管理规定，不得以分拆等方式逃避限额监管。

③个人通过本人人民币结算账户和外汇储蓄账户办理电子银行个人结售汇业务。

3. 个人银行卡外汇业务

个人持银行卡可跨境用于经常项目下的正常消费支付，因此形成的透支可事后购汇偿还。

（1）使用。个人持银行卡在境外使用时，可在规定的限额内提取外币现钞，外币卡的限额标准为一日内累计不得超过等值 1 000 美元，一个月内累计不得超过等值 5 000 美元，六个月内累计不得超过等值 10 000 美元；人民币卡的限额标准为每日不超过等值 10 000 元人民币。个人持银行卡在境外不得从事赌博、资金转移等活动。上述管理由银行系统自动实现，银行通过技术手段拒绝不合规交易。

（2）偿还。个人持外币卡在境外消费或提现形成的透支，持卡人可以用自有外汇资金偿还，也可在发卡金融机构购汇偿还；该购汇不纳入个人年度购汇总额管理。个人持人民币卡在境外消费或提现形成的透支，持卡人直接以人民币资金偿还。

二、资本项目个人外汇业务

资本项目个人外汇业务包括个人财产对外转移、个人境外投资和个人参与境外上市公司股权激励计划等。

（一）个人财产对外转移

个人财产对外转移包括两类：一是移民财产转移，即从中国内地移居外国，或者赴香港、澳门特别行政区定居的自然人，将其在取得移民身份之前在境内拥有的合法财产变现，购汇和汇出境外的行为；二是继承财产转移，即外国公民和香港、澳门特别行政区居民将依法继承的境内遗产变现，购汇和汇出境外的行为。涉及向台湾地区的个人财产转移可比照使用相关规定。

移民财产转移申请人向原户籍所在地外汇局办理移民财产转移核准手续后，银行可在核准件审批额度内一次或分次汇出相关资金。

继承人从同一被继承人继承的全部财产变现后拟转移出境的，在被继承人生前户籍所在地外汇局办理核准手续后，可在银行一次或分次汇出相关资金。继承人从不同被继承人处继承财产，可选择其中一个被继承人生前户籍所在地外汇局合并提交申请材料，经核准后可在银行一次或分次汇出相关资金。

（二）个人境外投资

根据现行规定，境内个人可以设立符合规定的境外特殊目的公司。特殊目的公司是指境内个人以投融资为目的，以其合法持有的境内企业或权益，或者以其合法持有的境外资产或权益，在境外直接设立或间接控制的企业。境内个人以境内外合法资产或权益向境外特殊目的公司出资前，应向主要资产所在地或户籍所在地银行申请办理境外投资外汇登记手续。对于境内个人境外实业、房地产、移民等投资的相关事项，人民银行、外汇局等有关部门正在进行研究。

（三）个人参与境外上市公司股权激励计划

股权激励计划是指境外上市公司以本公司股票为标的，对境内公司的董事、监事、高级管理人员、其他员工等与公司具有雇佣或劳务关系的个人（含符合条件的外籍员工）进行权益激励的计划，包括员工持股计划、股票期权计划等法律、法规允许的股权激励方式。目前股权激励计划的外汇管理要求如下：一是参与同一项境外上市公司股权激励计划的个人，应通过所属境内公司集中委托一家境内代理机构统一办理外汇登记、账户开立及资金划转与汇兑等有关事项，并应由一家境外机构统一负责办理个人行权、购买与出售对应股票或权益以及相应资金划转等事项；二是境内代理机构应统一办理个人参与股权激励计划的外汇登记；三是个人可以其个人外汇储蓄账户中自有外汇或人民币等境内合法资金参与股权激励计划。

三、个人外汇账户管理

外汇管理部门按账户主体类别和交易性质对个人外汇账户进行管理。银行为个人开立外汇账户，应区分境内个人和境外个人。账户按交易性质分为外汇结算账户、外汇储蓄账户、资本项目账户。所开立账户户名应与本人有效身份证件记载的姓名一致。

（一）外汇结算账户管理

外汇结算账户是指个人对外贸易经营者、个体工商户按照规定开立的用于办理经常项目项下经营性外汇收支的账户。其开立、使用和关闭按机构账户进行管理。

（二）个人外汇储蓄账户管理

在银行开立外汇储蓄账户应当出具本人有效身份证件，所开立账户户名应与本人有效身份证件记载的姓名一致。外汇储蓄账户的收支范围为非经营性外汇收付、本人或与其直系亲属之间同一主体类别的外汇储蓄账户间的资金划转。境内个人和境外个人开立的外汇储蓄联名账户按境内个人外汇储蓄账户进行管理。

个人外汇储蓄账户资金境内划转，按以下规定办理：

1. 本人账户间的资金划转，凭有效身份证件办理；

2. 个人与其直系亲属账户间的资金划转，凭双方有效身份证件、直系亲属关系证明办理；

3. 境内个人和境外个人账户间的资金划转按跨境交易进行管理。

本人外汇结算账户与外汇储蓄账户间资金可以划转，但外汇储蓄账户向外汇结算账户的划款限于划款当日的对外支付，不得划转后结汇。

四、个人外币现钞业务

个人外币现钞业务主要包括存入、提取、汇出和携带。

（一）存入。个人向外汇储蓄账户存入外币现钞当日累计金额在等值5 000美元以下（含）的，直接在银行办理；超过等值5 000美元的，凭本人有效身份证件、经海关签章的《中华人民共和国海关进境旅客行李物品申报单》或本人原存款银行外币现钞提取单据在银行办理。

（二）提取。个人提取外币现钞当日累计金额在等值1万美元以下（含）的，在银行直接办理；超过等值1万美元的，凭本人有效身份证件、提钞用途证明等材料向银行所在地外汇管理部门事前报备。银行凭本人有效身份证件和经外汇管理部门签章的提取外币现钞备案表为个人办理提取外币现钞手续。

（三）汇出。个人手持外币现钞汇出境外用于经常项目支出，当日累计金额在等值1万美元以下（含）的，直接在银行办理；超过上述金额的，还应提供经海关签章的《中华人民共和国海关进境旅客行李物品申报单》或本人原存款银行外币现钞提取单据。

（四）携带。对于个人携带外币现钞入境实行限额申报制管理，携入金额在等值5 000美元以下（含）的，无须向海关办理申报；超过等值5 000美元的，需向海关办理申报手续。携带外币现钞出境实行指导性限额管理，携出金额在等值5 000美元以下（含）的，可直接携出；携出超过等值5 000美元的，应申领携带外汇出境许可证；超过等值1万美元的，原则上不允许携带出境。

境外个人将原兑换未使用完的人民币兑回外币现钞时，小额兑换凭本人有效身份证件在银行或外币兑换机构办理；超过规定金额的，可以凭原兑换水单在银行办理。

第五章　反洗钱

洗钱，顾名思义，就是将"脏"钱洗干净，然后"清洁"的钱就可以用了。也许您觉得洗钱离我们的生活太遥远，可是在实际生活中洗钱行为就在我们身边。本章将通过对洗钱行为以及反洗钱监管的介绍，让您在实际生活中警惕身边的洗钱陷阱，远离犯罪。

第一节　洗钱的基本概念、途径及危害

一、什么是洗钱

洗钱，英文名称为 Money Laundering，是指将犯罪所得及其收益通过各种手段隐瞒或掩饰起来，并使之在形式上合法化的行为和过程。洗钱活动最早出现在 20 世纪 20 年代，据说当时美国芝加哥的一名黑手党成员开了一家洗衣店，在每晚计算当天的洗衣收入时，他把那些通过赌博、走私、勒索获得的非法收入混入洗衣收入中，再向税务部门纳税，扣去应缴的税款后，剩下的非法所得就成了他的合法收入。这可能就是"洗钱"一词的由来。

《中华人民共和国刑法》第一百九十一条规定："明知是毒品犯罪、黑社会性质的组织犯罪、恐怖活动犯罪、走私犯罪、贪污贿赂犯罪、破坏金融管理秩序犯罪、金融诈骗犯罪的所得及其产生的收益，为掩饰、隐瞒其来源和性质，有下列行为之一的，没收实施以上犯罪的所得及其产生的收益，处五年以下有期徒刑或者拘役，并处或者单处洗钱数额百分之五以上百分之二十以下罚金；情节严重的，处五年以上十年以下有期徒刑，并处洗钱数额百分之五以上百分之二十以下罚金：（一）提供资金账户的；（二）协助将财产转换为现金、金融票据、有价证券的；（三）通过转账或者其他结算方式协助资金转移的；（四）协助将资金汇往境外的；（五）以其他方法掩饰、隐瞒犯罪所得及其收益的来源和性质的。"

二、洗钱活动的途径或方式

典型的洗钱过程通常分为三个阶段，即处置阶段、离析阶段和融合阶段。处置阶段是指将犯罪收益投入到清洗系统的过程。处置阶段是洗钱的第一阶段,也是洗钱过程中犯罪者容易被侦查到的阶段。

离析阶段也叫培植阶段,主要是通过用复杂多层的金融交易,将非法收益及其来源分开,分散其非法所得,从而掩盖查账线索和隐藏罪犯身份。

融合阶段又叫归并阶段。融合阶段是洗钱链条中的最后阶段,又称为整合阶段,被形象地描述为"甩干",其目的在于使非法变为形式合法,为犯罪得来的资金或财产提供表面的合法性。在融合阶段,资金被转移至与犯罪组织或个人无明显联系的合法组织或个人的账户内,分散的资金被重新归拢聚集起来,用于投资实业、证券市场等正当商业活动,成为应纳税的合法收入,开始融入合法的金融经济体系中。

下面介绍洗钱的主要途径或方式。

(一)利用金融机构

洗钱者利用金融机构洗钱的技巧包括:匿名存储、利用银行贷款掩饰犯罪收益、控制银行和其他金融机构等。

1. 伪造商业票据。洗钱者首先将犯罪收益存入甲国银行,并用其购买信用证,该信用证用于某项虚构的从乙国到甲国的商品进口交易,然后用伪造的提货单在乙国的银行兑现。有时犯罪者也利用一些真实的商业交易来隐瞒或掩饰犯罪收益,但在数量和价格上做文章。

2. 通过证券业和保险业洗钱。目前,经济全球化趋势明显,巨额金融交易可利用通信网络等现代化交易工具瞬间完成。由于股价变化起伏较大而且交易痕迹调查比较困难,因此,一些洗钱者利用国际证券市场进行洗钱。在保险市场,一些洗钱者常常(通过趸交形式一次性)购买高额保险,然后采取犹豫期退保的方式折价赎回。

3. 用支票开立账户进行洗钱。有关国家对洗钱活动进行调查的结果表明:利用票据交易所开出的票据也是洗钱的方法之一。例如,在美国街头出售毒品得来的现金通过边境被走私到墨西哥,洗钱者将这些现金提供给票据交易所,票据交易所向洗钱者提供向美国或墨西哥银行开立的现金支票。然后,洗钱者以这些票据开立银行账户,随后该笔资金被转入犯罪分子需要的国家。

4. 利用银行存款的国际转移进行洗钱。英国警方根据举报对一在英国参与贩毒并为一美国运毒辛迪加进行洗钱的案件进行了调查。贩毒者首先将出售毒品所得零星现金存入一英国银行，随后提取一定数目的现金经另一家金融机构转移到美国，同时也采取支票的形式对资金进行转移。洗钱者不断只转移一些小金额资金以避免超过美国政府规定的货币报告限额。在18个月的时间里，该犯罪分子共洗钱200万英镑，并用这些钱在美国购置财产。

5. 信贷回收。洗钱者利用非法资金作抵押（如存款单、证券等）取得完全合法的银行贷款，然后再利用这些贷款购买不动产、企业或其他资产。犯罪资金经过改头换面后，其真正的来源越来越不明显。

6. 利用期货、期权洗钱。在国际金融市场上利用金融衍生产品，通过复杂的金融交易洗钱是跨国洗钱的重要方式。期货、期权是犯罪分子在实施复杂金融交易时的常用工具。通过期货经纪人将犯罪收入投入到国际期货市场清洗对洗钱犯罪组织具有非常大的吸引力。在国际期货市场上，交易行为都是以期货经纪人的名义进行的，期货交易所并不要求经纪人对客户的资金来源作出说明，犯罪分子通过期货经纪人将犯罪收入投入期货市场，能够有效避免暴露自己的真实面目和犯罪收入的来源。期货交易中的匿名惯例掩盖了洗钱活动，此外，变幻莫测的期货价格和复杂的交易技术，往往使外部人士眼花缭乱，大量参与交易的资金及公司来自世界各地，将犯罪收入隐匿其中往往难以发现。

（二）利用一些国家和地区对银行或个人资产进行保密的限制

被称为保密天堂的国家和地区一般具有以下特征：一是有严格的银行保密法。除了法律规定例外的情况外，披露客户的账户即构成刑事犯罪。二是有宽松的金融规则。设立金融机构几乎没有任何限制。三是有自由的公司法和严格的公司保密法。这些地方允许建立空壳公司、信箱公司等不具名公司。并且因为公司享有保密的权利，了解这些公司的真实面目非常困难。较为典型的国家和地区有：瑞士、开曼、巴拿马、巴哈马以及加勒比海和南太平洋的一些岛国。

（三）通过投资办产业的方式

1. 成立空壳公司。空壳公司也被称为提名人公司，一般是指为匿名的公司所有权人提供的一种公司结构，这种公司是被提名董事和持票人所享有的所有权结合的产物。被提名人往往是为收取一定管理费而根据外国律师的指令登记成立公司的当地人。被提名人对公司的真实所有人一无所知。空壳公司的上述特点特别有利于掩饰犯罪收益。比如一些离岸金融中心的法律规定，允许设立匿名公司，包括匿名的离岸银行。公司注册地对公司的所有人、受益人以及经营情况一无所知。匿名公司的这些特点能够有效隐匿犯罪收益的来源和所有者的真实身份。匿名公司经常被用于跨国洗钱，在洗钱过程中，黑钱先被汇往离岸金融中心，并在当地注册成立匿名公司，然后再以匿名公司的名义对本国或其他国家投资，投资来源和投资人真实身份由于受匿名公司注册地的法律限制而无从追查。

2. 向现金密集型行业投资。在现金交易报告制度的限制下，如果直接向银行存入大量现金，必然会因为不能说明现金的合理来源而引起当局的追查。为了能够合理解释大量存入银行的现金的来源，向现金流入密集的行业投资是犯罪组织洗钱的又一手法。现金密集型行业包括：娱乐场所、餐饮业、小型超市等，在日常经营活动过程中能够收入大量现金是这些行业的共同特点。在洗钱过程中犯罪组织以正当经营所得的名义将犯罪收入混入合法收入中向税务当局申报，在依法纳税的外衣下使犯罪收入合法化。纳税后，犯罪收入就变成完全意义上的正当收入了，在这里，纳税的税款则被犯罪组织视为洗钱的成本。

3. 利用假财务公司、律师事务所等机构进行洗钱。国外司法机构有证据表明部分犯罪分子通过开办假财务公司来转化自己的非法所得。例如，为了便利洗钱过程，犯罪分子雇佣律师，开立了一个账户并存入了犯罪分子从财务公司转来的50万英镑，随后将这笔资金转移到他的律师事务所的银行账户上，接下来律师又根据犯罪分子的指令把钱从账户中提走，成为犯罪分子的财产。

（四）通过市场的商品交易活动

洗钱者可能会因受到现金交易报告制度的严格限制，在短期内无法方便地将现金转变为银行存款，但大量持有现金对犯罪组织来说是极其危险的。同样是为了达到尽快改变犯罪收入的现金形态的目的，购置贵金属、古玩以及珍贵艺术品，也是洗钱者选择的一种方式。采用这种方式可以暂时改变犯罪收入的现金形态。洗钱者之所以选择昂贵的贵金属、古玩以及珍贵艺术品为载体转换现金形态，是因为：第一，贵金属、古玩以及珍贵艺术品具有较强的流动性，变现能力强，洗钱者在需要现金时或出现合适的机会时，变现非常便利；第二，使用现金购买贵金属、古玩以及珍贵艺术品是这些行业的惯例，交易时大量使用现金不会引起注意和怀疑;第三,走私贵金属、古玩以及珍贵艺术品与走私现金相比更不易被查获,比走私现金安全性更高。还有的犯罪分子把非法所得直接用来购买别墅、飞机、金融债券等,然后再转卖,从中套取现金,存入本国或国外银行,变成合法的货币资金。

(五) 其他洗钱方式

1. 走私。洗钱者将现金通过种种方式偷运到其他国家,由其他的洗钱者对偷运的现金进行处理。此外,洗钱者还通过贵金属或艺术品的走私来清洗犯罪收益。

2. 利用地下钱庄和民间借贷转移犯罪收益。近年来,随着我国反洗钱机制的逐步建立和完善以及对非法外汇交易活动打击力度的不断加大,犯罪分子通过合法的银行系统向境外转移犯罪收入所冒的风险也日益加大,大量的犯罪收益开始通过地下钱庄向境外转移。在我国沿海地区,一些地下钱庄专为跨境洗钱而设立,主要为在内地和香港之间转移黑钱提供服务。国内许多大案的要犯如远华走私案中的赖昌星等都是地下钱庄的主要客户。利用民间借贷洗钱与通过地下钱庄洗钱手法类似,犯罪分子将非法所得交由民间借贷者,通过贷款的形式给城乡中小企业,然后将回笼的资金存入犯罪分子指定的银行账户,或由关联的城乡中小企业以创办实业的形式再次洗钱。

3. 通过购买彩票、购买房产和虚假拍卖等方式进行洗钱。目前,国际上洗钱手法又有新的变化。例如,使用通信账户、高薪聘请私人金融专家、使用信用卡和国际互联网等进行洗钱。

第二节 反洗钱监管

一、我国反洗钱监管体系

自从有了洗钱活动,反洗钱与洗钱的斗争就从未停止。我国在反洗钱监管体系建设方面也取得了较大进展和成效。1997 年,修改《中华人民共和国刑法》时专门规定了洗钱罪。2006 年 10 月,《中华人民共和国反洗钱法》(以下简称《反洗钱法》) 出台。2006 年至 2007 年,中国人民银行先后发布《金融机构反洗钱规定》、《金融机构大额交易和可疑交易报告管理办法》、《金融机构报告涉嫌恐怖融资的可疑交易管理办法》等多部反洗钱管理规章。

根据《中华人民共和国中国人民银行法》和《反洗钱法》的规定，中国人民银行是我国反洗钱监督管理工作的行政主管部门；同时，金融监督管理机构以及其他有关部门在各自的职责范围内履行反洗钱监督管理职责。

二、洗钱的预防和监控

有效的预防和监控措施是遏制和打击洗钱犯罪活动的基础。近年来，人民银行、国务院有关部门以及金融机构依法采取预防、监控措施，履行反洗钱义务。

（一）行政主管部门及相关部门预控管理

中国人民银行设立反洗钱信息监测中心，接收、分析大额交易和可疑交易报告；建立国家反洗钱数据库，妥善保存金融机构提交的大额交易和可疑交易报告信息；制定或者会同有关金融监督管理机构制定金融机构反洗钱规章；开展人民币和外币反洗钱资金监测；对金融机构履行反洗钱义务的情况进行监督、检查；在职责范围内调查可疑交易活动；与境外反洗钱机构交换与反洗钱有关的信息和资料；向侦查机关报告涉嫌洗钱犯罪的交易活动；实施反洗钱调查、反洗钱现场检查、反洗钱非现场监管等反洗钱监管措施。

国务院有关金融监督管理机构参与制定所监督管理的金融机构反洗钱规章，国务院反洗钱行政主管部门会同国务院有关金融监督管理机构制定金融机构客户身份识别制度以及客户身份资料和交易记录保存制度；对所监督管理的金融机构提出按照规定建立健全反洗钱内部控制制度的要求；发现涉嫌洗钱犯罪的金融交易时及时向公安机关报告；审查新设金融机构的反洗钱内部控制制度方案，对于不符合设立条件的，不予批准当事人的设立申请。

国务院反洗钱行政主管部门会同海关确定个人携带现金、无记名有价证券出入海关的报告标准，发现出入海关的个人所携带的现金以及无记名有价证券超过规定金额的，海关应及时向国务院反洗钱行政主管部门通报。

（二）金融机构预控管理

金融机构按照《反洗钱法》规定建立健全反洗钱内部控制制度，依法实施客户身份识别、客户身份资料和交易记录保存、大额交易和可疑交易报告等制度。

1. 客户身份识别制度。客户身份识别制度是防范洗钱活动的基础性工作。金融机构在与客户建立业务关系或者为客户提供规定金额以上的现金汇款、现钞兑换、票据兑付等一次性金融服务时,应当要求客户出示真实有效的身份证件或者其他身份证明文件,进行核对并登记。客户由他人代理办理业务的,金融机构同时对代理人和被代理人的身份证件或者其他身份证明文件进行核对并登记。与客户建立人身保险、信托等业务关系,合同的受益人不是客户本人的,金融机构还应当对受益人的身份证件或者其他身份证明文件进行核对并登记。金融机构不得为身份不明的客户提供服务或者与其进行交易,不得为客户开立匿名账户或者假名账户。同时,金融机构可以通过第三方识别客户身份。必要时,金融机构可以向公安、工商行政管理等部门核实客户的有关身份信息。

2. 客户身份资料和交易记录保存制度。金融机构依法采取必要管理措施和技术措施,防止客户身份资料和交易记录的缺失、损毁,防止泄露客户身份信息和交易信息。在业务关系存续期间,客户身份资料发生变更的,应当及时更新客户身份资料。客户身份资料在业务关系结束后、客户交易信息在交易结束后,应当至少保存五年。金融机构破产和解散时,应当将客户身份资料和客户交易信息移交国务院有关部门指定的机构。

3. 大额交易和可疑交易报告制度。大额交易报告是指金融机构对规定金额以上的资金交易依法向中国反洗钱监测分析中心报告。可疑交易报告是指金融机构发现资金交易的金额、频率、流向、性质等有异常情形,经分析认为涉嫌洗钱的应依法向中国反洗钱监测中心提交可疑交易报告。金融机构办理的单笔交易或者在规定期限内的累计交易超过规定金额或者发现可疑交易的,应当及时向中国反洗钱监测分析中心报告。

三、个人隐私和商业秘密保护

为了在反洗钱工作中合理、有效地保护金融机构客户的个人隐私和商业秘密等信息,我国《反洗钱法》作出了明确规定:一是要求对依法履行反洗钱职责或者义务获得的客户身份资料和交易信息，应当予以保密；非依法律规定，不得向任何组织和个人提供。二是对反洗钱信息的用途作出了严格限制，规定反洗钱行政主管部门和其他依法负有反洗钱监督管理职责的部门、机构履行反洗钱职责获得的客户身份资料和交易信息，只能用于反洗钱行政调查，同时规定司法机关依照《反洗钱法》获得的客户身份资料和交易信息，只能用于反洗钱刑事诉讼。三是规定中国人民银行设立中国反洗钱监测分析中心，作为我国统一的大额交易和可疑交易报告的接收、分析、保存机构，避免因反洗钱信息分散而侵犯金融机构客户的隐私权和商业秘密。

第三节　如何防范洗钱活动

一、主动配合金融机构进行客户身份识别

为了防止他人盗用您的名义从事非法活动，防止不法分子浑水摸鱼扰乱正常金融秩序，您到金融机构办理业务时需要配合完成以下工作：出示身份证件；如实填写身份信息，如您的姓名、年龄、职业、联系方式等；配合金融机构以电话、信函、电子邮件等方式确认您的身份信息；回答金融机构工作人员合理的提问。

二、保管好自己的身份证件和账户

（一）不要出租出借自己的身份证件

为成他人之美而出租出借自己的身份证件，可能产生以下后果：

1. 他人借用您的名义从事非法活动；
2. 可能协助他人完成洗钱和恐怖融资活动；
3. 可能成为他人金融诈骗活动的"替罪羊"；
4. 您的诚信状况受到合理怀疑；
5. 他人的不正当行为可能致使您的声誉受损。

> **案例 5.1**
>
> 2008年1月,C市警方根据举报发现一小区空房内存有巨额现金900多万元。调查发现房主为下岗职工傅某,但傅某坚决否认自己曾经购买该房产,也不知道房内现金是谁的。经回忆,傅某才想起来,数月前曾经把自己的身份证借给了妹妹。进一步调查发现,傅某的妹妹是C市某县交通局局长的妻子,为了隐瞒丈夫受贿所得,她借亲属的身份证件购买了多处房产进行洗钱。

(二) 不要出租出借自己的账户

金融账户不仅是您进行金融交易的工具,也是国家进行反洗钱资金监测和经济犯罪案件调查的重要途径。贪官、毒贩、恐怖分子以及所有的罪犯都可能利用您的账户,以您良好的声誉作掩护,通过您的账户进行洗钱和恐怖融资活动。因此不出租出借账户既是对您自身的保护,也是守法公民应尽的义务。

> **案例 5.2**
>
> 2006年7月,潘某找到杜某,说急需一批银行卡账户用于资金周转。于是杜某收集了大量身份证件,用这些身份证件在S市某银行办理了大量个人银行卡账户,并将这些银行卡借给潘某使用。潘某得到银行卡后,按事先的约定联系某境外诈骗犯"阿元",通过银行卡转账的方式为"阿元"转移其通过网上银行诈骗的赃款110多万元,并按10%的比例提成。2007年10月22日,S市某区人民法院对此案宣判,认定潘某等4名被告人犯洗钱罪,判处有期徒刑1年零3个月到2年不等。

(三) 不要用自己的账户替他人提现

通过各种方式提现是犯罪分子最常采用的犯罪手法之一。有人受朋友之托或受利益诱惑,使用自己的个人账户(包括银行卡账户)或公司的账户为他人提取现金,逃避监管部门的监测,为他人洗钱提供便利。也有人通过自己的账户为他人提现，间接帮助其进行诈骗或携款潜逃。然而，法网恢恢，疏而不漏。请您切记，账户将忠实记录每个人的金融交易活动，请不要用自己的账户替他人提现。

案例 5.3

2007 年 5 月，Z 省 S 市个体工商户卢某通过关系找到王某，约定由王某为其提取现金 2 300 万元，事成后向王某支付 2‰ 的手续费。王某通过 H 市某会计师事务所冯某的银行账户为卢某提取了现金，但在扣除约定的手续费及返还卢某部分资金后，截留了其中的 523 万元。此后，王某频繁转移、挥霍赃款，随后携款潜逃。王某携款失踪之后，卢某找到王某的朋友李某，请求李某找到王某并追回被骗款，并答应向李某支付 50 万元作为报酬。但是，李某却与王某合谋，在明知王某手中巨款为诈骗所得的情况下，通过本人及他人账户协助王某从杭州某银行提现 299 万元，并将其中的 200 万元转存至王某女友的银行卡上。同时李某又虚构了其在向王某追讨资金时被打伤的事实，向卢某骗得人民币 3 万元。2008 年 5 月 8 日，S 市中级人民法院认定被告人王某犯诈骗罪，判处无期徒刑，剥夺政治权利终身，并处没收个人全部财产；认定被告人李某犯诈骗罪和掩饰、隐瞒犯罪所得罪，判处有期徒刑 5 年，并处罚金 11 万元。

三、为规避监管标准拆分交易只会弄巧成拙

即使金融机构将您的交易作为大额交易报告给有关部门，法律也确定了严格的保密制度，确保您的财富信息不会为第三方所知悉，同时被报告大额交易并不代表有关部门怀疑您资金的合法性或交易的正当性，有关部门不会仅凭交易金额就断定洗钱活动的存在。如果您为避免大额交易报告而刻意拆分交易，既可能引起反洗钱资金监测人员的合理怀疑，又可能增加您的交易费用。

四、选择安全可靠的金融机构

金融机构为客户提供融资、资产管理、财富增值和保值等服务，接受监管

和履行反洗钱义务是对客户和自身负责。非法金融机构逃避监管，为犯罪分子和恐怖势力提供资金支持、转移资金、清洗黑钱，成为社会公害。

一个为您频繁"通融"、违规经营的金融机构可能也为犯罪分子提供了便利，让犯罪的黑手伸进了您的账户。您能放心让他们打理您的血汗钱吗？一个为毒贩清洗毒资、为贪官转移资产、为恐怖分子提供融资的非法金融机构，能为您提供诚信服务吗？因此，一定要选择安全可靠、严格履行反洗钱义务的金融机构。

案例5.4

2008年3月，J市王先生收到一条手机短信："鹏程钱庄为资金短缺的个人或企业提供贷款，无须担保、方便快捷、保密性强，月利息2%，详情请致电……吴经理。"以前王先生也收到过类似短信，都不相信，把短信删掉了。但这次正好王先生的公司资金紧张，而且利息也不高，于是他就按短信提供的手机号码咨询了所谓的"吴经理"，说明想贷款10万元，一个月后还款。"吴经理"说，他们的规矩是先收利息再贷款，先让王先生将预付利息2 000元直接汇入该钱庄账户，半个小时之内就会给王先生现金支票，并索要了王先生的身份证号码。王先生没有发现这是一个骗局，向对方提供的账号里汇入2 000元。此后，王先生再也无法打通这个钱庄的电话，这才发现被骗。

五、支持国家反洗钱工作也是保护自己利益

（一）开办业务时，请您带好身份证件

有效身份证件是证明个人真实身份的基本凭据。为避免他人盗用您的名义窃取您的财富，或是盗用您的名义进行洗钱等犯罪活动，当您开立账户、购买金融产品以及以任何方式与金融机构建立业务关系时，需出示有效身份证件或身份证明文件。如果您不能出示有效身份证件或身份证明文件，金融机构工作人员将不能为您办理相关业务。

(二)存取大额现金时,请出示身份证件

凡是存入或取出 5 万元以上人民币或者等值 1 万美元以上外币时,金融机构需核对您的有效身份证件或身份证明文件。这不是限制您支配自己合法收入的权利,而是希望通过这样的手段,防止不法分子浑水摸鱼,创造更纯净的金融市场环境。

(三)他人替您办理业务,请出示他(她)和您的身份证件

金融机构需要核实交易主体的真实身份,当他人代您办理业务时,金融机构需要对代理关系进行合理的确认。

特别提醒,当他人代您开立账户、购买金融产品、存取大额资金时,金融机构需要核对您和代理人的身份证件。

(四)勇于举报洗钱活动,维护社会公平正义

为了发挥社会公众的积极性,动员社会的力量与洗钱犯罪作斗争,保护单位和个人举报洗钱活动的合法权利,我国《反洗钱法》特别规定任何单位和个人都有权向中国人民银行或公安机关举报洗钱活动,同时规定接受举报的机关应当对举报人和举报内容保密。

第六章 支付结算

当您在享受便捷的支付手段进行资金往来时,当您在利用快捷的网上银行、手机银行等方式购物时,您知道这一切都得益于什么吗?本章将为您揭开谜底——支付结算。通过对账户的开立与使用、非现金支付工具、支付系统、支付服务组织及农村支付的介绍,让您能够清晰地了解与您日常生活密切相关的支付结算基础知识。

第一节 账户的开立与使用

目前,我们在办理支付结算业务时最常用到的两类账户是银行账户和支付账户。银行账户由银行业金融机构(以下简称银行)为客户开立,支付账户由非银行支付机构(也称第三方支付机构,以下简称支付机构)为客户开立。下面,我们一起来了解两类账户在开立和使用方面的知识。

一、银行账户

(一)银行账户的概念和种类

按照功能不同,银行账户可分为银行结算账户和非银行结算账户。银行结算账户用来办理支付结算,账户状态比较活跃,有收有付,账户余额经常发生变动。非银行结算账户是存款人与银行之间的一种存款合约,账户余额一般只在存入、计息和支取时才发生变化,账户状态相对静止。

1. 银行结算账户

银行结算账户是指银行为个人开立的办理资金收付结算的人民币活期存款账户,是个人办理存款、贷款和资金收付活动的基础。银行结算账户按使用主体不同,分为个人银行结算账户和单位银行结算账户。下面就个人银行结算账户作简单介绍。

个人银行结算账户是存款人因投资、消费、结算等业务需要,凭个人有效身份证件以自然人名称开立的办理支付结算业务的账户。根据个人的管理需要和账户功能,个人银行结算账户分为Ⅰ类银行账户、Ⅱ类银行账户、Ⅲ类银行账户和信用卡账户。其中,Ⅰ类银行账户为个人主办账户,即当前个人在银行柜面开立、现场核验身份的账户,具有全功能。Ⅱ类银行账户、Ⅲ类银行账户为辅助账户，个人通过银行柜面或者互联网等电子渠道开立，具有有限功能。其中，通过互联网等电子渠道开立的Ⅱ类银行账户、Ⅲ类银行账户在开户时还需要与开户申请人的同名Ⅰ类银行账户或者信用卡账户绑定验证身份并使用。

各类账户的具体功能如下：

Ⅰ类银行账户可以办理存款、存取现金、转账、消费和缴费、购买投资理财产品、贷款和还款等，使用范围和金额不受限制。

Ⅱ类银行账户可以办理存款、购买银行投资理财产品、银行贷款和还款、限额消费和缴费、限额存取现金、限额与非绑定账户转入转出资金等。其中，经银行柜面、自助设备加银行工作人员现场面对面确认开户申请人身份的Ⅱ类银行账户，可以办理存取现金、非绑定账户资金转入业务以及配发银行卡。Ⅱ类银行账户限额管理要求是：存入现金、非绑定账户转入资金等入金业务的日累计限额合计为1万元，年累计限额合计为20万元；消费和缴费、取出现金、向非绑定账户转出资金等出金业务的日累计限额合计为1万元，年累计限额合计为20万元。Ⅱ类银行账户与其绑定的Ⅰ类银行账户和信用卡账户之间的转账、银行贷款和还款以及利用Ⅱ类银行账户购买银行投资理财产品不受限额管理。

Ⅲ类银行账户可以办理限额消费和缴费、限额与非绑定账户转入转出资金等业务。其中，经银行柜面、自助设备加以银行工作人员现场面对面确认开户申请人身份的Ⅲ类银行账户，可以办理非绑定账户资金转入业务。Ⅲ类银行账户限额管理要求是：账户余额不得超过1 000元；非绑定账户资金转入日累计限额为5 000元，年累计限额为10万元；消费和缴费支付、向非绑定账户转出资金等出金业务的日累计限额合计为5 000元，年累计限额合计为10万元。Ⅱ类银行账户与其绑定的Ⅰ类银行账户和信用卡账户之间的转账不受限额管理。

2. 非银行结算账户

非银行结算账户按其使用主体不同，也可分为单位存款账户和个人储蓄账户。其中，个人储蓄账户按照存款期限和支取的时间与方式，又可分为个人活期储蓄账户、个人定期储蓄账户和个人通知存款账户。

(二) 个人银行结算账户的开立、变更和撤销

1. 个人银行结算账户的开立

中国人民银行制度规定，自 2016 年 12 月 1 日起，银行为个人开立银行结算账户的，同一个人在同一家银行（以法人为单位）只能开立一个Ⅰ类银行账户，已开立Ⅰ类银行账户，再新开户的，应当开立Ⅱ类银行账户或Ⅲ类银行账户。个人可通过柜台、自助机具和电子渠道开立银行账户。有下列情况的，可以申请开立个人银行结算账户：使用支票、信用卡等信用支付工具的；办理汇兑、定期借记、定期贷记、借记卡等结算业务的。个人可根据需要申请开立个人银行结算账户，也可以在已开立的储蓄账户中选择并向开户银行申请确认为个人银行结算账户。

（1）柜台开户。个人可通过柜面开立Ⅰ类银行账户、Ⅱ类银行账户或Ⅲ类银行账户。开立以上三类银行账户时，存款人应提供有效身份证件，银行通过有效身份证件仍无法准确判断身份的，个人还应提供辅助身份证明材料。

有效身份证件包括：①在中华人民共和国境内已登记常住户口的中国公民为居民身份证；不满十六周岁的，可以使用居民身份证或户口簿。②香港、澳门特别行政区居民为港澳居民来往内地通行证。③台湾地区居民为台湾居民来往大陆通行证。④定居国外的中国公民为中国护照。⑤外国公民为护照或者外国人永久居留证（外国边民，按照边贸结算的有关规定办理）。⑥法律、行政法规规定的其他身份证明文件。

辅助身份证明材料包括但不限于：①中国公民为户口簿、护照、机动车驾驶证、居住证、社会保障卡、军人和武装警察身份证件、公安机关出具的户籍证明、工作证。②香港、澳门特别行政区居民为香港、澳门特别行政区居民身份证。③台湾地区居民为在台湾居住的有效身份证明。④定居国外的中国公民为定居国外的证明文件。⑤外国公民为外国居民身份证、使领馆人员身份证件或者机动车驾驶证等其他带有照片的身份证件。⑥完税证明、水电煤缴费单等税费凭证。

（2）自助机具开户。通过远程视频柜员机或智能柜员机等自助机具开立银行账户时，银行工作人员当面核验开户申请人身份信息的，银行可为其开立Ⅰ类银行账户；银行工作人员未当面核验开户申请人身份信息的，银行可为其开立Ⅱ类银行账户或Ⅲ类银行账户。

（3）电子渠道开户。通过网上银行或手机银行等电子渠道开立银行账户的，银行可为个人开立Ⅱ类银行账户或Ⅲ类银行账户。

2. 个人银行结算账户的变更和撤销

（1）银行可以通过柜面或者电子渠道为个人办理Ⅱ类银行账户、Ⅲ类银行账户变更业务。

银行通过电子渠道非面对面为个人办理Ⅱ类银行账户、Ⅲ类银行账户的姓名、居民身份证号码、手机号码、绑定账户变更业务时，应当按照新开户要求重新验证信息，并采取措施核实个人变更信息的真实意愿。

银行通过电子渠道非面对面为个人办理Ⅱ类银行账户、Ⅲ类银行账户姓名、居民身份证号码变更，且绑定账户为他行账户的，应当要求个人先将Ⅱ类银行账户所有投资理财等金融产品赎回、提前支取定期存款，将Ⅱ类银行账户、Ⅲ类银行账户资金全部转回绑定账户后再予以变更。

（2）银行可以通过柜面或者电子渠道为个人办理Ⅱ类银行账户、Ⅲ类银行账户销户业务。

银行通过电子渠道非面对面为个人办理Ⅱ类银行账户、Ⅲ类银行账户销户时，绑定账户已销户的，个人可按照银行新开户要求重新验证个人身份信息后绑定新的账户，将Ⅱ类银行账户、Ⅲ类银行账户资金转回新绑定账户后再办理销户。

（三）银行结算账户的使用和风险防范

1. 个人银行结算账户的用途

个人银行结算账户用于办理个人转账收付和现金存取。下列款项可以转入个人银行结算账户：工资、奖金收入；稿费、演出费等劳务收入；债券、期货、信托等投资的本金和收益；个人债权或产权转让收益；个人贷款转存；证券交易结算资金和期货交易保证金；继承、赠予款项；保险理赔、保费退还等款项；纳税退还；农、副、矿产品销售收入；其他合法款项。

2. 风险防范常识

（1）个人不要出租、出借、出售银行结算账户，避免被不法分子利用从事违法犯罪活动。同时，为提升不法分子和相关单位、个人的违规成本，人民银行制度规定，自2017年1月1日起，经设区的市级及以上公安机关认定的出租、出借、出售、购买银行账户（含银行卡）或支付账户的单位和个人，组织购买、出租、出借、出售银行账户或支付账户的单位和个人，假冒他人身份或者虚构代理关系开立银行账户或支付账户的单位和个人，5年内停止其银行账户非柜面业务、支付账户所有业务，3年内不得为其新开立账户。同时，人民银行还将上述单位和个人信息移送金融信用信息基础数据库并向社会公布。

（2）对长期不使用的银行结算账户及时清理，确认今后不再使用的银行账户请及时到银行作销户处理，避免产生年费和账户管理费，造成资金损失；社会公众可以根据需要，主动管理自己的账户，把资金量较大的账户设定为Ⅰ类银行账户，把经常用于网络支付、移动支付的账户降级，或者新增开设Ⅱ类银行账户、Ⅲ类银行账户用于这些支付，这样既能有效保障账户资金安全，又能体验各种便捷、创新的支付方式，达到支付安全性和便捷性的统一。

（3）妥善保管个人身份证件、企业营业执照或单位证明文件，防止个人身份信息泄露从而被不法分子利用。

案例6.1

2011年7月23日，诈骗嫌疑人找到张某，称想与其做一笔大的建材生意。经多次接洽，7月24日，张某将建材报价和营业执照、身份证等相关资料给了诈骗嫌疑人。7月26日，诈骗嫌疑人利用张某的身份证到H银行办理了张某的存折和卡，然后将相关资料交给张某。诈骗嫌疑人以需验证张某的资金实力为由，诱骗张某又到该银行开办了存折和卡。两人分别开户后，诈骗嫌疑人使用伎俩将两人的存折进行了互换。当日，张某持诈骗嫌疑人开设的存折到该行存款6万元，三分钟之后，存款被诈骗嫌疑人在异地用银行卡支取。

风险提示：个人身份证、户口簿、银行账户等个人身份信息是金融消费者的重要资料，一旦被不法分子非法利用，将对个人资产、信用造成风险。金融消费者个人身份信息资料一定要妥善保管，不要轻易交给他人。在使用过程中，在身份证件复印件上应注明使用用途，防止被不法分子利用。

二、支付账户

（一）支付账户的概念和种类

支付账户是支付机构在为客户办理网络支付业务时，为了记录预付交易资金余额、方便客户发起支付指令、反映客户交易明细信息而开立的电子账户。支付账户是随着电子商务的发展而产生的，最初主要功能是"担保支付"，也就是在消费者购买商品或服务后、实际收到商品或服务前暂时将资金冻结，以便增加网上消费过程中买卖双方之间的信任度。只有依法获得互联网支付业务许可的支付机构，才能够为客户开立支付账户。根据客户类型的不同，支付账户分为个人支付账户和单位支付账户。下面简单介绍一下个人支付账户的概念和分类。

支付机构为自然人客户开立的支付账户是个人支付账户，普通消费者的支付账户都属于这类支付账户。个人支付账户又细分为Ⅰ类支付账户、Ⅱ类支付账户、Ⅲ类支付账户，三种支付账户在余额付款功能、余额付款限额方面有所区别。

其中，Ⅰ类支付账户的余额可以用于消费和转账，Ⅰ类支付账户开立之后，余额付款交易累计不能超过1 000元；Ⅱ类支付账户的余额也可以用于消费和转账，开立Ⅱ类支付账户后，客户每年可以使用支付账户余额付款10万元；Ⅲ类支付账户的余额除了可以用于消费和转账外，还可以用于购买投资理财产品，开立Ⅲ类支付账户后，客户每年可以使用支付账户余额付款20万元。

（二）个人支付账户的开立和变更

不同于银行机构目前普遍采用面对面审核客户身份的方式确保银行账户属于客户本人，支付机构从支付账户诞生起便一直采用非面对面的方式远程为客户开立支付账户，这使支付账户面临的被冒用、盗用风险相对较高。因此，为了兼顾支付的便捷性和客户资金的安全性，适应不同客户群体的差异化支付需求，个人支付账户中的Ⅰ类支付账户、Ⅱ类支付账户和Ⅲ类支付账户的客户身份核实方式有所不同。

1. 个人支付账户的开立

开立Ⅰ类支付账户时，支付机构只需要通过一个外部渠道验证客户身份，例如，联网核查客户的居民身份证信息，开立过程十分简便、快速。Ⅰ类支付账户主要用于满足客户的临时、小额支付需求，因此交易限额相对较低。

开立Ⅱ类支付账户、Ⅲ类支付账户时，支付机构既可以面对面审核客户身份，也可以采用非面对面方式核实客户身份。如果采用非面对面方式核实客户身份，Ⅱ类支付账户需要通过三个外部渠道验证客户身份，Ⅲ类支付账户需要通过五个外部渠道验证客户身份。支付机构可以运用的外部渠道很多，如公安、社保、民政、住建、交通、工商、教育、财税等管理部门，以及商业银行、保险公司、证券公司、征信机构、移动运营商、铁路公司、航空公司、电力公司、自来水公司、燃气公司等单位所运营的客户信息数据库。客户一般只需要按照支付机构的要求在网上填写个人信息即可，由支付机构负责与外部数据库进行连接并验证信息的真实性，客户的操作流程可以做到快捷、流畅。由于运用多种渠道交叉验证了客户身份，支付账户被冒用、盗用的风险被降低，客户资金的安全性更高，Ⅱ类支付账户、Ⅲ类支付账户的余额付款限额分别提高到了每年10万元、20万元，Ⅲ类支付账户的余额付款功能也比Ⅰ类支付账户和Ⅱ类支付账户更加丰富。

除此之外，被评为A类且支付账户实名制落实较好的支付机构，还可以运用各种安全、合法的技术手段，制定其他更加灵活、快捷、有效的客户身份核实方法，经过评估认可后便可以采用。

需要特别注意的是，每个个人客户在同一家支付机构最多可以拥有一个Ⅲ类支付账户，以便进一步降低资金盗用风险、保障客户资金安全。

2. 个人支付账户的变更

支付机构为个人客户开立Ⅰ类支付账户后，可以根据客户支付需求对客户身份进一步核验，并将Ⅰ类支付账户升级为Ⅱ类支付账户或Ⅲ类支付账户；支付机构为个人客户开立Ⅱ类支付账户后，可以对客户身份进一步核验，并将Ⅱ类支付账户升级为Ⅲ类支付账户。个人支付账户种类发生变更的同时，余额付款功能可以相应扩充，余额付款限额可以相应提高。

当客户要求变更姓名、身份证件种类、身份证件号码等个人身份信息时，支付机构应当对客户身份进行重新审核并为客户办理变更，自变更生效之日起至少五年内真实、完整保存相关记录。

(三) 支付账户的使用和风险防范

1. 正确认识支付账户余额的本质和风险

支付账户余额与银行存款有本质区别。支付账户所反映的余额本质上是预付价值，类似于预付费卡中的余额。该余额所对应的资金虽然所有权归属于客户，却不以客户本人名义存放在银行，而是支付机构以其自身名义存放在银行，并实际由支付机构支配与控制。同时，该余额仅代表支付机构的企业信用，法律保障机制上远低于《中华人民共和国中国人民银行法》、《中华人民共和国商业银行法》及《存款保险条例》保障下的央行货币与商业银行货币。一旦支付机构出现经营风险或信用风险，将可能导致支付账户余额无法使用，不能回提为银行存款，使客户遭受财产损失。客户应该充分认识支付账户余额的本质和相关风险，在此前提下自愿开立和使用支付账户。

2. 正确认识支付账户的定位

支付账户的定位是主要服务电子商务发展和为社会提供小额、快捷、便民小微支付服务，因此支付账户不具有证券、保险、信贷、融资、货币兑换、现金存取等业务功能，并且应在满足客户日常支付需求的前提下设置交易限额。支付机构近年来的实际交易数据表明，Ⅱ类支付账户、Ⅲ类支付账户每年累计10万元、20万元的限额可以满足绝大部分个人客户的日常支付需求和电子商务、互联网金融的发展需要。10万元、20万元的限额仅针对个人支付账户余额付款方式，个人客户如果出现更大金额的支付需求，还可以使用银行账户进行付款，如银行网关支付、银行卡快捷支付等，可以不受上述限额的约束。

3. 采用安全的交易验证方式

使用支付账户余额进行付款时，客户可以组合选用三类要素进行交易验证：一是仅客户本人知悉的要素，如静态密码；二是仅客户本人持有并特有的，不可复制或者不可重复利用的要素，如经过安全认证的数字证书、电子签名，以及通过安全渠道生成和传输的一次性密码；三是客户本人生理特征要素，如指纹。也就是说，客户可以采用"静态密码+数字证书"、"一次性密码+指纹"、"静态密码+指纹"等多种验证要素组合方式，对支付账户余额付款交易进行验证。

为保证交易验证方式的安全性，加强个人客户资金安全保护，对于安全级别较高、风险较低的支付账户余额付款交易，支付机构与个人客户可以自主约定单日限额；但对于安全级别不足、风险较高的支付账户余额付款交易，支付机构将设置单日限额，每天最高不超过 5 000 元。支付机构如果被评为 A 类并且支付账户实名制落实较好，可以将限额提高到每天最高不超过 1 万元；如果被评为 B 类并且支付账户实名制落实较好，可以将限额提高到每天最高不超过 7 500 元。上述限额都仅针对个人支付账户余额付款交易，个人客户使用银行账户进行付款时，如银行网关支付、银行卡快捷支付等，不受上述限额的约束。

4. 风险防范常识

（1）审慎选择支付机构。支付机构有义务增加信息透明度，接受客户和社会舆论的监督，每年都公开披露客户投诉数量和类型、处理完毕的投诉占比、投诉处理速度，以及风险事件、客户风险损失发生和赔付等情况。客户应该适当关注支付机构披露的信息，选择服务机制完善、业务风险较低的支付机构办理业务。

（2）控制支付账户的使用权限。客户不要随意出借支付账户，更不要出租、出售支付账户，以免自己的支付账户被不法分子利用从事欺诈、洗钱等违法犯罪活动。

（3）妥善保管本人或本单位信息。客户在开立支付账户、办理支付业务过程中要妥善保管个人或单位信息以及相关证件，按照"最小化"原则向支付机构提交必要的信息和证件，并留意支付机构对收集目的和用途的说明，避免信息泄露。

（4）准确辨识服务渠道的真实性。"钓鱼"是不法分子盗取客户信息和资金的主要手段之一，客户应该留意支付机构网站地址、客服电话等服务渠道，准确辨识服务渠道的真实性，避免支付账户名称和密码、手机动态验证码等敏感信息被不法分子通过"钓鱼"手段窃取。

（5）积极维护自身权益。客户使用支付账户办理支付业务过程中一旦发生风险损失，如果支付机构不能有效证明风险损失是因客户原因导致的，那么支付机构需要对客户的损失及时先行全额赔付。

> **案例 6.2**
>
> 2014年3月10日，犯罪嫌疑人在网上发布了一条出售数码相机的信息，汪某与犯罪嫌疑人通过聊天软件沟通后决定以4 000元的价格购买。犯罪嫌疑人以保障数码相机运输过程的安全性为由发给汪某一个假冒网站地址，诱骗汪某在该网站登录支付账户并支付1元钱运费保险。汪某信以为真，在该网站输入了支付账户名称和密码，并向犯罪嫌疑人透露手机收到的动态验证码。随后，犯罪嫌疑人利用汪某的支付账户名称和密码、手机动态验证码盗取了汪某4 000元资金。

第二节 非现金支付工具

非现金支付工具是传达收、付款人支付指令，实现债权债务清偿和货币资金转移的载体。随着非现金支付工具的大力推广应用，我国已逐步形成了以银行卡和票据为主体、以电子支付为发展方向的多元化非现金支付体系，为社会提供了高效、便捷、安全、灵活的支付结算服务。

一、银行卡

（一）银行卡种类

银行卡是由商业银行（或发卡机构）发行的具有转账收付、存取现金、支付商品或服务价款和循环信贷等全部或部分功能的电子支付工具。

表6-1 银行卡的种类

分类标准	银行卡种类
清偿方式	信用卡、借记卡
结算币种	人民币卡、外币卡（境内外币卡、境外银行卡）
发行对象	公务卡、个人卡、单位卡
信息载体	磁条卡、IC卡
信誉等级	白金卡、金卡、普通卡等不同等级
流通范围	国际卡、地区卡
持卡人责任	主卡、附属卡

1. 信用卡

（1）什么是信用卡

信用卡是指由发卡机构向其客户提供的具有消费信用、转账结算、存取现金等功能的信用支付工具。持卡人可依据发卡机构给予的授信额度，凭卡在特约商户直接消费或在其指定的机构、地点存取款及转账，在规定的时间内向发卡机构偿还透支款项本息。

（2）信用卡分类

信用卡分为贷记卡和准贷记卡两类，贷记卡是指发卡机构给予持卡人一定的信用额度，持卡人可在信用额度内先消费、后还款的信用卡。准贷记卡是指持卡人须先按发卡机构的要求交存一定金额的备用金，当备用金账户余额不足支付时，可在发卡银行规定的信用额度内透支的信用卡。

（3）信用卡消费信贷的特点

①循环信用额度。我国发卡银行一般给予持卡人最长60天左右的免息期，持卡人的信用额度根据信用状况核定。

②一般无抵押无担保。

③一般有最低还款额要求。我国发卡银行规定的最低还款额一般是应还金额的10%。

④通常是短期、小额、无指定用途的信用。

⑤信用卡除具有循环信贷功能外，还有存取现金、转账结算功能，而且持卡人可以办理代收代付、网络支付等功能。

2. 借记卡

（1）什么是借记卡

借记卡是指银行发行的记录持卡人账户信息，具有现金存取、转账收付和支付商品或服务价款等全部或部分功能的电子支付工具。借记卡没有透支功能。持卡人可凭借记卡办理理财、外汇买卖、缴费等大量增值服务。

（2）借记卡分类

借记卡按功能的不同分为转账卡（含储蓄卡）、专用卡、储值卡。转账卡是实时扣账的借记卡，具有转账结算、存取现金和消费功能。专用卡是具有专门用途、在特定区域使用的借记卡，具有转账结算、存取现金功能。储值卡是发卡银行根据持卡人的要求将其资金转至卡内存储，交易时直接从卡内扣款的预付钱包式借记卡。

3. 金融 IC 卡

(1) 什么是金融 IC 卡

金融 IC 卡是由银行业金融机构发行的，采用集成电路技术，遵循国家金融行业标准，具有消费信用、转账结算、现金存取等全部金融功能，并具有承载其他商业服务和社会管理功能的金融工具。

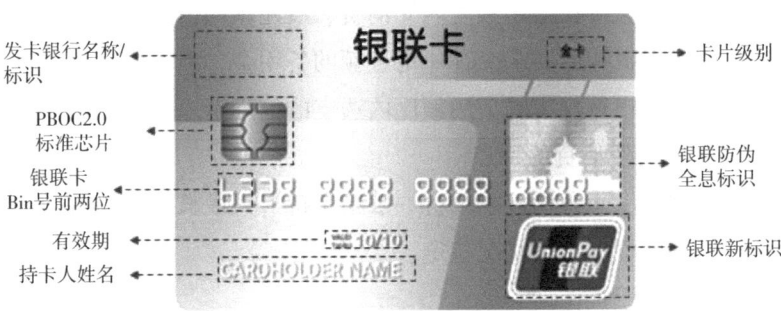

金融 IC 卡又称为芯片银行卡，是以芯片作为介质的银行卡。芯片卡容量大，可以存储密钥、数字证书信息，其工作原理类似微型计算机，能够处理多种功能，为持卡人提供一卡多用的便利。

(2) 金融 IC 卡与传统磁条卡相比较的优势

一是安全性更高。金融 IC 卡具备的高安全性极大地降低了伪卡的风险，不仅提升了联机交易的安全性，也使卡片可以实现安全的脱机交易，有效地保障了银行和持卡人资金的安全。二是支付更快捷。金融 IC 卡能够提供脱机交易、非接触式交易，支付效率大大提高。三是应用范围广。金融 IC 卡拓展了银行卡的支付领域，使银行卡能满足公用事业、交通等众多行业的支付和服务需要，实现"一卡多用"。

我国金融 IC 卡推广规划中明确，自 2015 年 1 月 1 日起，所有新发行的银行卡应为金融 IC 卡。

(二) 银行卡受理市场

银行卡受理市场是指银行卡清算机构、收单机构、商户收单业务第三方服务商等参与主体提供的所有银行卡机具、服务的统称。下面，主要介绍两种常用的银行卡自助设备。

1. 自助存取款机

（1）银行自助存取款机包括取款机（ATM）和存取款一体机（CRS），可以提供 24 小时便捷的存取款、转账、查询、更改密码等服务。

ATM 又称自动柜员机，持卡人自助操作办理取款、账户余额查询、转账等业务。CRS 又称自助存取款一体机，持卡人自助操作办理存款、取款、账户余额查询、转账等业务。

（2）自助存取款机使用方法

大部分银行自助存取款机的使用方法大致相同。客户可持卡到自动存取款机上，按机器界面提示进行相关业务操作：插卡→风险提示→输入银行卡密码→点击确认→在屏幕上点击金融交易选项→输入取款金额（存款时直接将现金放入现金卡槽）→确认→使用完后点击退出（如果需要继续，返回交易选项）。

（3）自动存取款机的非接触式受理方式

在已完成非接触式受理改造的自动存取款机上可以通过非接触式完成自助业务办理，操作时可按 ATM 屏幕显示的提示进入"非接交易"界面，将卡片放置在机具标识的非接感应区域进行相关业务操作，操作完成后取走卡片即可。

2. POS 机

（1）什么是 POS 机

POS 机俗称"刷卡机"。银行与签约商户合作，使消费者能在安装有 POS 机的商家直接刷卡消费，而无须到银行取款后再携带现金去商家消费。

（2）在 POS 机上使用银行卡的方法

持卡人在进行购物等消费时，由收银员在 POS 机上刷卡并输入交易金额，持卡人通过密码键盘确认消费金额后，输入个人密码并按确认键。POS 机成功打印出 POS 签购单后，持卡人应注意核对 POS 签购单上的交易金额等要素并签名确认，收回银行卡及 POS 签购单持卡人存根联妥善保管。

（3）POS 机上的非接触式受理方式

在完成非接触式受理改造的 POS 机上，也可以通过"非接触式"完成交易消费。持卡人进行消费时，销售人员输入消费金额，消费者确认金额后，手持金融 IC 卡（或移动支付设备）靠近 POS 机上的非接标识处，之后输入密码、签字确认即可。在搭载了银行卡的移动支付方式中也可以使用此方式在 POS 机上完成消费。

（三）银行卡使用小常识

1. 如何使用银行卡

挑选银行卡前，您应当先了解银行卡的种类，各类银行卡具有哪些功能，自己的需求是什么，综合考虑这些因素后再作挑选。如果是信用卡，还需要考虑相应的利率、年费、延期付款等一些细节。要特别注意仔细阅读发卡机构的信用卡领用合约。

2. 怎样计算利息

银行卡（贷记卡除外）内存款的利息按活期利率支付，计算方法与活期储蓄存款类似，一般使用日利率；计算存款期限时，从存入日起算到支取的前一天为止，算头不算尾。信用卡如果有透支，您一定要记着及时还款，否则会多付利息，并影响您的信用记录。

3. 银行卡如何收费

信用卡如未开卡消费，则不收年费。使用信用卡后，银行根据您申请的信用卡种类的不同进行收费，一般的信用卡则规定刷卡几次免年费。借记卡一般要收取年费和账户管理费，但代发工资账户、退休金账户、低保账户、医保账户、失业保险金账户、住房公积金账户的年费和账户管理费（含小额账户管理费）是免收的。

4. 银行卡丢了怎么办

银行卡丢失后，应迅速通过电话拨打银行服务电话，进行口头挂失，实现该账户的立即停止支付。但口头挂失只是临时挂失，有一定的有效期，各银行的口头挂失有效期各异。口头挂失后请您赶紧持本人的有效身份证件到发卡银行的营业网点办理挂失手续，一段时间后就能获得一张新卡。办完新卡后，旧卡将被自动注销。为了安全起见，您还是要谨慎保管好您的银行卡。不记名式的存单、储值卡和 IC 卡内的电子钱包是不能挂失的。

5. 密码忘了怎么办

在申请银行卡时，银行就为您"分配"了一个密码，您可以将它改成自己熟悉的密码。如果哪一天想不起密码来，您凭自己的有效身份证件和银行卡，向发卡银行书面申请密码挂失，一般7天后就可以办理重置密码了。

6. 避免信用卡恶意透支

对于信用卡，银行允许善意透支，不过有额度和时间上的限制。如果超出限制，银行就可能认为您在恶意透支，轻则罚款，重则让您吃官司，您的信用记录也会增添一个污点，下一次要取得银行信任就不那么容易了。使用信用卡时，请养成按时还款的习惯，避免恶意透支。

7. 信用卡还款方式

信用卡的还款方式主要有发卡银行柜台、ATM、网上银行、自动转账、电话银行等，从银行记账日起至到期还款日之间的日期为免息还款期。在此期间，您只要全额还清当期对账单上的本期应还金额，便不用支付任何利息。

8. 如何用信用卡分期付款

目前，信用卡分期方式主要有商场分期、邮购分期和账单分期。商场分期的，部分需要通过查看身份证进行持卡人身份验证，并会收取分期手续费。邮购分期即通过发卡银行寄送的分期邮购目录手册或银行的网上商城从限定的商品中进行选择，一般无论期数多少均不收手续费。账单分期的，用户只要在刷卡消费之后且每月账单派出之前，通过电话等方式向发卡银行提出分期申请即可。

（四）权利义务与风险防范

1. 发卡银行和持卡人的权利和义务

（1）发卡银行的权利

①发卡银行有权审查申请人的资信状况、索取申请人的个人资料，并有权决定是否向申请人发卡及确定信用卡持卡人的透支额度。

②发卡银行对持卡人透支有追偿权。对持卡人不在规定期限内归还透支款项的，发卡银行有权申请法律保护并依法追究持卡人或有关当事人的法律责任。

③发卡银行对不遵守其章程规定的持卡人，有权取消其持卡人资格，并可

授权有关单位收回其银行卡。

④发卡银行对储值卡和 IC 卡内的电子钱包可不予挂失。

（2）发卡银行的义务

①发卡银行应当向银行卡申请人提供有关银行卡的使用说明资料，包括章程、使用说明及收费标准。持卡人也可索取上述资料。

②发卡银行应当设立针对银行卡服务的公平、有效的投诉制度，并公开投诉程序和投诉电话。

③发卡银行应当向持卡人提供对账服务。按月向持卡人提供账户结单，在下列情况下发卡银行可不向持卡人提供账户结单：已向持卡人提供存折或其他交易记录；自上一份月结单后，没有进行任何交易，账户没有任何未偿还余额；已与持卡人另行商定。

④发卡银行向持卡人提供的银行卡对账单应当列出以下内容：交易金额、账户余额（贷记卡还应列出到期还款日、最低还款额、可用信用额度）；交易金额计入有关账户或自有关账户扣除的日期；交易日期与类别；交易记录号码；作为支付对象的商户名称或代号（异地交易除外）；查询或报告不符账务的地址或电话号码。

⑤发卡银行应当向持卡人提供银行卡挂失服务，应当设立 24 小时挂失服务电话，提供电话和书面两种挂失方式，书面挂失为正式挂失方式。并在章程或有关协议中明确发卡银行与持卡人之间的挂失责任。

⑥发卡银行应当在有关卡的章程或使用说明中向持卡人说明密码的重要性及丢失的责任。

⑦发卡银行对持卡人的资信资料负有保密的责任。

（3）持卡人的权利

①持卡人享有发卡银行对其银行卡所承诺的各项服务的权利，有权监督服务质量并进行投诉。

②申请人、持卡人有权知悉其选用的银行卡的功能、使用方法、收费项目、收费标准、适用利率及有关的计算公式。

③持卡人有权在规定时间内向发卡银行索取对账单，并有权要求对不符账务内容进行查询或改正。

④借记卡的挂失手续办妥后,持卡人不再承担相应卡账户资金变动的责任,司法机关、仲裁机关另有裁决的除外。

⑤持卡人有权索取信用卡领用合约,并应妥善保管。

(4) 持卡人的义务

①申请人应当向发卡银行提供真实的申请资料并按照发卡银行的规定向其提供符合条件的担保。

②持卡人应当遵守发卡银行的章程及领用合约的有关条款。

③持卡人或保证人通信地址、职业等发生变化,应当及时书面通知发卡银行。

④持卡人不得以和商户发生纠纷为由拒绝支付所欠银行款项。

2. **防范银行卡使用风险注意事项**

(1) 办理银行卡时,应详细阅读申请书上载明的卡片性质、服务内容及相关权利义务。拿到银行卡时,应依据金融机构的说明,尽快更换初始密码,密码设定应避免使用生日、身份证号码等简单数字,卡片应妥善保管且不可与密码、身份证件一起存放,以免卡片失窃后,遭人盗刷。

(2) 在银行自助设备上输入密码时注意用手遮挡,如果发现设备的密码防护罩和卡槽有异常情况,为了安全起见,不要使用,同时立即告知银行。与银行联系时请拨打银行客服专线,请勿随意拨打自助设备上粘贴的来路不明的电话号码。

(3) 在银行自助设备上办理业务时,当发生吞卡、吞币或存取款不成功时不要慌张,应及时拨打银行客户电话,等待工作人员处理。特别地,在自助设备上存款要保证票面的整洁、完整,不得存入缺角、折角、破损、污点的钞票,防止交易不成功。

(4) 开通手机短信服务,随时掌握账户变动情况,一旦发现异常交易,马上致电银行进行挂失。银行卡不慎遗失时,立即向银行挂失。挂失前产生的风险由持卡人自行承担,持卡人完成挂失止付手续后,风险由金融机构承担。

(5) 信用卡使用虽非常方便,但可能产生年费、手续费、透支逾期产生的利息等费用,消费者应认真阅读信用卡条款,充分了解与发卡银行间的权利义务关系,了解在何种情形下银行将收取哪些费用。应经常注意信用卡及关联还款账户余额，以免在不注意的情况下需支付高额利息及手续费，同时注意避免因逾期还款等行为产生不良信用记录。

（6）提供个人资料及身份证复印件办理信用卡时，要确认对方是否为银行职员，且身份证复印件上要注明使用用途，以防被挪用或转售给其他单位。

（7）在商户 POS 机刷卡消费时，请不要让卡片离开您的视线范围，留意收银员的刷卡次数，拿到签购单及卡片时，核对签购单上的金额是否正确，是否为本人的卡片。

（8）妥善保管您的银行卡签购单、对账单等单据，切勿随意丢弃。不要将卡号告知他人或回复要求提供卡号的可疑邮件或短信，也不要在公共场所使用的电脑里留下卡号信息。在任何情况下，银行都不会发送索取您卡片密码的邮件或短信。

（9）通过网上银行、手机银行办理相关业务时，要登录正确的银行网站，下载银行官网提供的手机客户端。网银交易前查看安全锁，配备银行 U 盾、Ukey 等网络安全设备。设置复杂的密码作为网上银行密码，避免在网吧、公共场所登录网银。

3. 如何防范银行卡犯罪

随着银行卡的广泛使用，银行卡犯罪的案件也逐渐多了起来，因此，我们在使用银行卡的过程中必须提高警惕。

（1）常见的银行卡欺诈手法

①盗取、抢劫他人银行卡，然后假冒持卡人进行消费或与特约商户的工作人员相互勾结，欺诈套现。

②利用偷窥、骗取或在网上运行密码盗取软件等手段窃取持卡人的卡片信息及密码，然后制作伪卡，并利用复制的银行卡进行消费或提现。

③在自助设备上粘贴虚假的升级公告或紧急通知，诱骗持卡人按照虚假公告上的内容操作，将资金划转到不法分子的账户中。

④通过手机或电子邮件等方式向持卡人发送虚假信息，诱骗持卡人将资金划转到不法分子的账户中。

⑤伪装或盗用他人的身份证件，使用虚假的申请资料申领信用卡后进行恶意透支。

(2)银行卡诈骗案例和风险提示

案例 6.3

2012年1月15日下午,一对夫妇神情焦虑地来到S银行,要求向一张外地借记卡汇款。夫妇称,女儿在日本打工,当天接到一个越洋电话,对方的声音与女儿十分相似,说她在日本和人合伙做生意时借了对方100万日元,今天必须支付7万元人民币,不然就得赔偿对方5万元,并提供了一张借记卡卡号。这对夫妇当即登录QQ,见女儿的QQ在线,与其聊天询问,对方催促快点汇款。听明汇款事由后,该支行领导意识到这可能是一起诈骗案件,劝客户不要上当。支行领导一边安抚,一边要求客户经理根据借记卡号查询,按资料与开户人取得联系。经核实,才知道"女儿与人合作做生意"之事是一个骗局。

风险提示:收到可疑信函、电话、手机短信时,您一定要提高警惕,对一些貌似合理的汇款事由,要谨慎确认,关键一点是不要向自己不知道的账号汇款,防止上当受骗。

案例 6.4

2011年3月10日，小王听朋友说基金有可能大跌，他便焦急地想通过网上银行赎回基金。当他在搜索引擎输入"B银行"时，屏幕上跳出几个银行的网址。小王随即选择了一个银行链接进入，并点击"个人网银登录"，输入卡号和密码。然而，屏幕上未出现账户信息，而是页面跳转，再次出现原始的登录页面。于是他又多输入了两次卡号和密码，一直没有成功进入。这时，他突然意识到这很可能是"钓鱼网站"套取用户卡号和密码！他立即到银行查询，账户内的3万元已被不法分子转出。

风险提示：网络交易时切记：①登录正确的银行网站；②交易前查看安全锁；③设置复杂的密码作为网上银行密码；④避免在网吧、公共场所登录网银。

案例 6.5

2011年3月25日，陈女士到N银行ATM上取款，在将卡插入ATM后，ATM显示屏未出现提示语，卡也未自动吐出。陈女士正一筹莫展时，发现ATM左下角有一张标贴："如果卡被吞，请打值班电话"。她随即拨打标贴上的电话，并将自己的卡号、姓名和密码告诉了对方。因急忙用钱，陈女士当即回家用银行卡的存折提款，发现自己账户上的5 000元资金不翼而飞。当带着怀疑再次返回原地时，陈女士发现，原先张贴在ATM左下角的标贴消失了。

风险提示：使用自助银行服务终端（ATM或CRS）时要小心，留意周围是否有可疑的人，操作时应避免他人干扰，防止他人偷窥密码。遭遇吞卡、未吐钞等情况，应拨打发卡银行的全国统一客服热线电话，及时与发卡银行取得联系。尤其注意：不要拨打机具旁临时粘贴的不熟悉的电话号码，不要随意丢弃打印单据。

二、票据

广义的票据是指各种有价证券和凭证,如债券、股票、提单、国库券、发票等。狭义的票据仅指以支付金钱为目的的有价证券,即出票人根据票据法签发的,由自己无条件支付确定金额或者委托他人无条件支付确定金额给收款人或持票人的有价证券。在我国,票据即汇票(银行汇票和商业汇票)、支票及银行本票的统称,是我国企事业单位使用最广泛的非现金支付结算工具。对于个人消费者而言,最经常使用的票据是银行本票和支票,以下是这两种票据的使用方法。

1. 如何使用银行本票

银行本票是出票人签发的,承诺自己在见票时无条件支付确定金额给收款人或者持票人的票据。本票的出票人必须具有支付本票金额的可靠资金来源,并保证支付。本票的出票人在持票人提示见票时,必须承担付款的责任。

2. 如何使用支票

支票是出票人签发的,委托办理支票存款业务的银行或者其他金融机构在见票时无条件支付确定金额给收款人或者持票人的票据。

开立支票存款账户,申请人必须使用其本名,提交证明其身份的合法证件,并预留其本名的签名式样和印鉴。开立支票存款账户和领用支票,应当有可靠的资信,并存入一定的资金。

三、电子支付

随着计算机和网络技术的飞速发展,新型电子支付工具不断出现,满足了客户多样性和个性化的支付需求。其中,以互联网支付和移动支付为典型代表的电子支付方式蓬勃发展,业务量大幅增加,逐渐成为我国非现金支付方式的重要组成部分。

(一)常用电子支付工具

1. 个人网上银行

个人网上银行业务是指银行利用互联网技术,为客户提供账户查询、转账汇款、投资理财、在线支付、缴费等金融服务的网上银行服务。客户可以足不出户就能够安全便捷地管理活期和定期存款、信用卡及个人投资等金融业务。

您若想办理网上银行业务，只需到柜台办理签约手续或者直接登录银行官网网页点击申请即可成为网上银行客户。

2. 手机银行

手机银行业务是指利用移动电话技术为客户提供的金融服务。手机银行是网上银行的延伸，也是继网上银行、电话银行之后又一种方便银行用户的金融业务服务方式，有贴身"电子钱包"之称。

手机银行提供的服务包括：账户查询、转账、缴费、外汇买卖等。

3. 电话银行

电话银行业务是指银行通过电话自助语音及人工服务应答（客户服务中心）方式为客户提供的银行服务。银行客户除了拨打固定电话之外，也可通过手机接入银行语音服务系统，使用电话银行服务。

电话银行的服务功能包括：各类账户之间的转账、代收代付、各类个人账户资料的查询、个人实盘外汇买卖等银行服务。

部分电话银行功能需要在银行柜台办理签约手续后才能开通。

4. 支付机构提供的互联网支付服务

支付机构是指取得中国人民银行颁发的支付业务许可证，为收付款人提供互联网支付等资金转移服务的机构。

按照支付机构提供的支付服务方式不同，互联网支付分为银行账户模式和支付账户模式。银行账户模式是指支付机构将自身系统与银行支付网关相连，付款人通过支付机构向其开户银行提交支付指令，直接将银行账户内的货币资金转入收款人指定账户的支付方式，我们常用的快捷支付属于银行账户模式。支付账户模式是指付款人先把资金充值到支付机构提供的账户，在需实际支付时，付款人直接向支付机构提交支付指令，将支付账户内的余额资金转入收款人指定账户的支付方式。

（二）创新的移动支付方式

近年来，随着智能手机和电信网络快速发展，人们更加习惯通过手机等移动终端设备来完成日常的消费支付需求。在此背景下，以商业银行和支付机构为代表的市场主体不断创新，推出了多种便捷、快速、安全的移动支付工具，在满足消费者移动支付需求的基础上，极大地激发了移动支付市场的活力，促进了我国电子支付产业的快速发展。下面介绍两种具有代表性的移动支付方式。

1. 中国银联"云闪付"

云闪付是中国银联股份有限公司（以下简称中国银联）联合国内外众多手机厂商和商业银行推出的移动支付产品，通过将实体银行卡映射到手机中，利用近场通信技术（NFC 等），实现"刷手机"支付的新体验。我们常见的苹果支付、华为 Pay、三星智付等均属于该业务范畴。

消费者通过一部具有 NFC 功能的 iOS 系统或安卓系统的手机和银行卡，即可开通云闪付业务。在线下消费时，通过将手机靠近支持闪付的受理终端，不需要点亮手机屏幕，不需要打开支付软件，即可快速支付。云闪付业务采用动态密钥和令牌技术，能够有效保护用户银行卡信息和交易安全，具有安全性高、支付体验优的特点。

2. 条码支付

条码支付是以条码为信息载体，通过移动终端或商户受理终端直接或间接获取支付要素以完成交易的支付方式。常见的条码包括二维码、条形码等类型。以常见的二维码为例，消费者可通过移动设备生成个人二维码供别人扫描，或扫描商户的二维码，完成支付过程。二维码支付准入门槛低，使用便捷，一经推出便受到了消费者和小微商户的欢迎，但由于二维码加密及传输的技术特点，客观上仍存在较大安全风险，应将其定位于小额支付，在使用过程中要做到不扫描来源不明的二维码，不轻易将个人二维码信息泄露给他人，不通过二维码支付进行大额交易，从而保护个人信息和资金的安全。

第三节 支付系统

一、我国现代化支付系统简介

支付系统是经济金融体系的重要基础设施。目前，我国已建成以中国人民银行现代化支付系统为核心,银行机构行内支付系统为基础,特许机构清算系统和支付机构业务系统等为补充的支付、清算服务网络,对加快社会资金周转,提高支付清算效率,促进国民经济健康平稳的发展发挥着越来越重要的作用。

中国现代化支付系统由中国人民银行开发建设,是人民银行发挥其金融服务职能的核心支持系统,也是金融市场最重要的基础设施之一。现代化支付系统主要包括大额支付系统、小额支付系统和网上支付跨行清算系统。

二、大额支付系统

大额支付系统主要处理金额在规定起点以上的大额贷记支付业务和紧急的小额贷记支付业务。大额支付指令逐笔实时发送,全额清算资金,主要为各银行机构和广大企事业单位以及金融市场提供快速、高效、安全、可靠的支付清算服务,是支持货币政策实施和维护金融稳定的重要金融基础设施。大额支付系统具有高效的支付清算服务功能、灵活的风险管理功能和高效的货币政策传导与金融市场资金清算功能。

三、小额支付系统

小额支付系统主要处理借记支付业务以及每笔金额在规定起点以下的小额贷记支付业务。支付指令批量发送,轧差净额清算资金,主要为社会提供低成本、大业务量的支付清算服务。小额支付系统支持各种支付方式的处理,实行7×24小时连续运行,且具有完备的风险防范措施。

四、网上支付跨行清算系统

网上支付跨行清算系统主要处理客户通过在线方式办理的金额在5万元以下的跨行支付业务,实行7×24小时连续运行。以该系统为依托,客户通过商业银行的网上银行可以足不出户地办理多项跨行业务,并可及时了解业务的最终处理结果。网上支付跨行清算系统提高了跨行支付效率,便利客户的财富管理,拓展了电子商务的业务范围,对支持并促进我国电子商务的快速发展也发挥了重要的基础作用。

五、人民币跨境支付系统

人民币跨境支付系统（CIPS）是为其参与者的跨境人民币支付业务等提供资金清算结算服务的系统。CIPS 分两期建设，CIPS（一期）已于 2015 年 10 月 8 日上线运行，具有以下主要特点：一是采用实时全额结算方式处理客户汇款和金融机构汇款两类业务，支持跨境货物贸易和服务贸易结算、跨境直接投资、跨境融资和跨境个人汇款等业务。二是各直接参与者一点接入，集中清算业务，缩短清算路径，提高清算效率。三是采用国际通用 ISO20022 报文标准，采纳统一规范的中文四角码，支持中英文传输，在名称、地址、收费等栏位设置上更有利于人民币业务的自动处理。四是运行时间覆盖欧洲、亚洲、非洲、大洋洲等人民币业务主要时区。五是为境内直接参与者提供专线接入方式。CIPS（二期）将采用更为节约流动性的混合结算方式，提高人民币跨境和离岸资金的清算、结算效率。

六、城商行支付清算系统

城商行支付清算系统是一个以城市商业银行资金清算中心（以下简称清算中心）为核心，清算中心和各城市商业银行（以下简称城商行）之间的专用网络为基础，连接各城商行的行内系统，以电子支付清算业务为重点，城商行行内柜面系统、支付机构等各种交易渠道为手段，在城商行与城商行、城商行与其他金融机构、城商行与支付机构之间，实现 7×24 小时服务、实时支付指令传送和资金清算的综合性电子支付平台，是城商行之间、城商行与其他金融机构之间加强合作的重要基础设施。城商行支付清算系统于 2010 年 1 月 18 日上线运行，具有以下主要特点：一是银行间通存通兑业务、网络支付（电子汇兑、密码汇款）业务的资金清算。二是各类渠道的接入及信息转发。三是部署一套前置系统可以完成多系统的接入。四是提供基础的、共享的身份认证和加解密服务。

七、农信银支付清算系统

农信银支付清算系统（NCS）是根据全国农村金融机构支付结算业务需

求，应用现代计算机网络和信息技术开发的、集资金清算和信息服务为一体的支付清算平台，为所有成员机构提供支付清算和信息服务。NCS 于 2006 年 10 月上线运行，实现了对全国农信银机构实时电子汇兑业务的支持，具有以下主要特点：一是支持处理普通贷记业务、实时贷记业务、普通借记业务、实时借记业务、信息服务业务及中国人民银行批准的其他支付业务或信息业务。二是 NCS 实现 7×24 小时不间断运行，支持成员单位通过营业网点柜面渠道以及自动柜员机、自动存款机、自助终端、网上银行、手机银行、电话银行等电子银行渠道发起支付业务。

第四节 支付服务组织

目前，我国已基本形成了以中国人民银行为核心、银行机构（含财务公司）为基础、特许清算机构和支付机构为补充的多元化支付服务组织。

一、中国人民银行

作为中国支付体系建设的组织者、推动者、监督者，中国人民银行肩负"维护支付、清算系统正常运行"等法定职责，建设运行了第二代支付系统、全国支票影像交换系统、境内外币支付系统等重要业务系统，为金融机构和金融市场提供低成本、高效率的公共清算平台，加速了社会资金周转，推动了经济金融较快发展。

二、银行业金融机构

银行业金融机构是为政府、企业和个人提供支付服务的主体。近年来，银行业金融机构积极适应大数据集中趋势，不断优化行内业务系统，在传统柜台渠道的基础上，大力发展网上支付、移动支付等电子支付，向广大单位和个人提供多层次、差异化和个性化的支付服务。

三、CIPS 运营机构

跨境银行间支付清算（上海）有限责任公司是经中国人民银行批准设立

的 CIPS 运营机构,该机构是公司制企业法人,于 2015 年 7 月 31 日在上海注册成立,负责 CIPS 运营维护、参与者服务、业务拓展等工作。

四、特许清算机构

特许清算机构在特定领域提供清算服务。为满足特定领域的清算需求,鼓励非现金支付工具的创新和推广,中国人民银行积极培育多元化的支付服务主体。2002 年 3 月,中国人民银行批准设立中国银联,负责推动跨行联网通用和银行卡普及应用,通过中国银联跨行交易清算系统,实现商业银行系统间的互联互通和资源共享,保证银行卡跨行、跨地区和跨境的使用。2002 年 10 月和 2006 年 4 月,中国人民银行先后批准设立城商行资金清算中心和农信银资金清算中心,分别办理城市商业银行等中小金融机构的银行汇票等异地资金清算业务和城市商业银行、农村信用社等银行机构的汇兑、银行汇票等资金清算业务,大大节约了支付平台建设成本。

五、支付机构

支付机构在中国零售支付中发挥着重要作用。近年来,借助电子商务的兴起,支付机构运用互联网、移动通信等新型信息技术,充分发挥自身机制灵活的优势,提供丰富多样的个性化支付产品,并与货币市场基金、银行、保险等紧密结合,为社会公众提供小额、快捷、便民的零售支付服务。

第五节 农村支付

一、农村支付服务环境建设简介

中国的支付结算体系由四个部分组成:一是结算账户体系;二是支付结算工具体系;三是支付清算系统;四是支付结算管理体系。银行账户是办理支付结算业务的基础和门户;各种支付结算工具是转移资金的载体;支付清算系统是最终实现资金清算的渠道;统一的支付结算管理,是我国支付结算体系正常运行的重要保障。账户、工具、系统、管理这四个密不可分的部分构成了中国支付体系的有机整体。

然而,由于我国明显的城乡二元结构特征,构成支付体系的各个组成部分在城乡之间存在明显的发展差异,这里提出一个非常具有中国特色的"农村支付服务体系"或者"农村支付服务环境"概念,它的内容就是指我国农村地区的账户体系、支付清算系统、支付工具体系、管理体系。农村支付服务环境建设就是有关各方共同努力,推动账户普及、系统覆盖、工具应用、管理优化,不断改善农村支付服务体系和环境。

二、推动改善农村支付服务环境的政策措施

(一)加强规划指导和组织协调

2006年、2009年、2014年,中国人民银行先后印发了《关于做好农村地区支付结算工作的指导意见》(银发〔2006〕272号)、《关于改善农村地区支付服务环境的指导意见》(银发〔2009〕224号)、《关于全面推进深化农村支付服务环境建设的指导意见》(银发〔2014〕235号),明确了近年来各阶段农村支付环境建设的目标、措施和保障机制,建立了农村支付服务环境建设联系点制度,探索确立了以点带面、整体推进的思路,不断推进各地建设工作。

(二)大力推进农村支付清算网络铺设,着力打通农村合作金融机构资金汇路

2004年,随着中国人民银行大额支付系统的推广和逐步取代现代电子联行,人民银行专门制定并下发了《关于农村信用合作社接入支付系统的指导意见》(银发〔2004〕250号),针对农村信用社多法人制的特点以及当时其组建省级管理机构的改革尚不到位、多数未建立省内综合业务系统的实际,积极支持和指导农村信用社根据业务处理需要、投资成本与收益相匹配等实际情况,选择采取集中或者远程多点方式接入人民银行跨行支付系统,同时还允许其通过代理方式委托商业银行或人民银行办理支付结算业务。2006年,批复成立农信银资金清算中心,指导其建设并不断完善农信银支付清算系统,搭建农村信用(联)社、农村商业银行、农村合作银行之间的清算网络,并向村镇银行等其他农村金融机构开放接入。

（三）大力推广创新特色支付产品，推动便农零售支付体系发展

2005年、2010年，先后组织开展农民工银行卡特色服务、银行卡助农取款服务，为广大金融空白乡镇的农村居民提供家门口式基础金融服务，从根本上提升了金融服务在农村的可得性。引导推动电话POS、农民自助金融服务机具等各类创新型受理终端在小商品批发市场、农副产品收购、农业产业链等领域广泛应用，减少了现金流通，提高了资金结算效率。推动金融社保卡、中职学生资助卡、普通高中学生资助卡等在农村地区的应用，加速银行卡向农村公共服务领域渗透。

三、农村支付服务环境发展阶段性成效

（一）建立了有利于实施各项惠农政策的银行账户服务体系。截至2015年末，农村地区累计开立单位银行结算账户1 630.3万户，农村地区个人银行结算账户33.04亿户，人均3.55户。其中，借记卡20.85亿张，信用卡1.36亿张；人均持卡量2.39张。基本实现家家有账户、人人有卡。

（二）建设了覆盖广大涉农金融机构的支付清算网络体系。截至2015年末，农村地区接入人民银行大小额支付系统的银行网点8.31万个，代理银行网点3.23万个，合计11.54万个，覆盖率为94.91%。2015年，农村地区通过人民银行大小额支付系统办理业务10.91亿笔，金额217.07万亿元。农信银资金清算中心支付系统覆盖全国农村金融机构网点近8万家，其中接入的参与者网点41 036家。

（三）发展了适用于农村地区的非现金支付工具体系。一是农村银行卡发行继续快速增长。截至2015年末，各类银行卡22.21亿张，人均持卡2.39张，同比增长28%。二是农村银行卡受理环境得到显著改善。截至2015年末，农村地区POS机638.05万台（其中，转账电话数量301.59万台），2015年净增105.17万台，增长19.74%；万人拥有68.59台。三是网上支付、手机支付等新兴支付方式在日常生活缴费、粮棉油畜牧等农副产品收购、农村手机话费缴纳等场景不断应用。截至2015年末，农村地区网上银行开通数累计3.56亿户，手机银行开通数累计2.76亿户，电话银行开通数累计1.81亿户。四是票据业务平稳发展。支票、汇票仍然是农村批发市场、农资交易市场以及

农村企业重要的支付工具。

四、农村特色支付服务

（一）农民工银行卡特色服务

为解决大量进城务工的农民工携带现金不便、回乡就地取款难等问题，人民银行于2006年组织实施了农民工银行卡特色服务业务。该业务将中国银联网络连接到农村信用社和中国邮政储蓄银行网点，使农民工手持任何一张借记卡都可在农村信用社和邮储柜台取款。

根据《中国人民银行办公厅关于印发农民工银行卡特色服务推广工作实施方案的通知》（银办发〔2006〕163号）和《中国人民银行办公厅关于进一步做好农民工银行卡特色服务工作的通知》（银办发〔2006〕293号）的相关要求，国内全部发卡银行均已于2007年2月1日前将普通借记卡对农民工银行卡特色服务开放，每卡每日最高取现5 000元。在收费方面，从2007年2月1日起，进一步降低农民工银行卡特色服务持卡人手续费标准，由原来的按取款金额的1%降至按取款金额的0.8%，单笔最高收费限额由50元降至20元。2014年，中国人民银行印发《关于全面推进深化农村支付服务环境建设的指导意见》（银发〔2014〕235号），再次降低了该项业务手续费，按取款金额0.5%收取，最低1元，最高20元。

截至2015年底，贵州、湖南等24个省（市、自治区）辖内超过5万个县及县以下的农村合作金融机构营业网点、全国31个省（市、自治区）辖内2万个县及县以下的中国邮政储蓄银行营业网点开通了农民工银行卡特色服务受理方业务。自农民工银行卡特色服务开展以来，累计办理业务超过2亿笔，金额达2 000亿元。

（二）银行卡助农取款服务

当前，农村居民对日常生活小额取现的服务需求非常迫切。在此背景下，人民银行于2010年3月起陆续在重庆、济南、杭州、长沙和西安等地区试点开展银行卡助农取款服务，即通过银行卡收单机构在乡（镇）、村的指定合作商户服务点布放受理终端，向借记卡持卡人提供小额取款和余额查询业务。2011年，人民银行在总结各地试点经验的基础上，经广泛征求各方意见后，正式下发《中国人民银行关于推广银行卡助农取款服务的通知》（银发〔2011〕177号），决定在全国范围内推广银行卡助农取款服务。2014年，为促进助农取款可持续发展，更好地发挥普惠金融作用，人民银行制定了《关于全面推进深化农村支付服务环境建设的指导意见》，进一步明确银行机构可在助农取款服务点新增汇款、缴费业务。

在开通卡种方面，银行卡助农取款服务针对的也是各行发行的借记卡。其中，开通跨行交易功能的终端可受理所有银行发行的借记卡，未开通跨行交易功能的终端仅能受理本行发行的借记卡。在取款限额方面，助农取款额度不超过每卡每日2 000元。在收费方面，对持卡人手续费收取采取"促进可持续发展、适度优惠农民"的原则，具体实施上各地不完全一致，但基本上对于余额查询和本行同城（不小于地市级行政区划）业务不收取任何费用；异地不超过本行异地汇兑手续费；对于跨行借记卡小额取款业务，跨行取款持卡人手续费标准不超过农民工银行卡特色服务取款手续费标准。自助农取款服务开办至2015年末，累计办理助农取款业务6.8亿笔，金额超过2 000亿元。

第七章 征 信

第七章 征 信

征信在中国算得上是一个古老的词汇,几千年前的《左传》里就有"君子之言,信而有征"的说法,意思是说一个人说话是否算数,是可以得到验证的。然而,你我在日常生活中感受到征信的存在,却还是最近几年的事情,办贷款、申领信用卡,常常会听到银行的工作人员说您的信用记录如何,说的就是征信的事儿。有关您过去信用行为的记录会体现在您的信用报告里,"信用报告"是征信的最终结果,它被形容为个人的"经济身份证",可以用来证明您是否守信。本章将为您介绍有关征信方面的基础知识。

第一节 征信概述

一、征信的相关概念

(一) 信用

信用的经济含义,是指在交易的一方承诺未来偿还的前提下,另一方为其提供商品或服务的行为。当今社会,信用已广泛地应用于人们的日常经济生活中。信用不仅反映交易主体主观上是否诚实,也反映他是否有履行承诺的能力,即使交易主体有偿还债务的主观愿望,但因经营不善偿还不了债务,也就没有信用。

(二) 征信

征信是指为了满足从事信用活动的机构和个人在信用交易中对信用信息的需要,专业化的征信机构依法采集、保存、整理、提供企业和个人信用信息的活动。我国使用"征信"一词来概括对企业和个人的信用调查。征信本身就是促进守信、提高信用意识的手段和措施。

(三) 征信机构

征信机构是独立于交易双方的专业化的第三方机构,作为提供信用信息服务的企业,加工整理形成企业、个人的信用报告等征信产品,有偿提供给经济活动中的贷款方、赊销方、招标方、出租方、保险方等有合法需求的信息使用者,为其了解交易对方的信用状况提供便利。

(四) 信用记录

征信记录了个人过去的信用行为,这些行为体现在个人信用报告中,就是人们常说的信用记录。个人信用报告是征信机构出具的记录个人过去信用信息的文件，它系统全面地记录了个人信用活动，反映个人信用状况。

（五）不良信息

建立良好的信用记录很难，需要多年的积累，而一次不良信息记录就可以将它破坏。那么，哪些不良信息可能影响你的信用记录？《征信业管理条例》（以下简称《条例》）规定，不良信息是指对信息主体信用状况构成负面影响的下列信息：信息主体在借贷、赊购、担保、租赁、保险、使用信用卡等活动中未按照合同履行义务的信息，对信息主体的行政处罚信息，人民法院判决或者裁定信息主体履行义务以及强制执行的信息，以及国务院征信业监督管理部门规定的其他不良信息。

二、社会信用体系与征信体系

（一）社会信用体系

社会信用体系作为一个以信用为内容的体系，是指为促进社会各方信用承诺而进行的一系列安排的总称，包括制度安排、监管体制、宣传教育安排等各个方面或各个小体系，其最终目标是形成良好的社会信用环境。

（二）征信体系

征信体系是社会信用体系建设的一部分，是指采集、加工、分析和对外提供社会主体信用信息服务的相关制度与措施的总称，包括征信制度、信息采集、征信机构和信息市场、征信产品和服务、征信监管等方面，其目的是在保护信息主体权益的基础上，构建完善的制度与安排，促进征信行业健康发展。

三、征信法律制度体系

中国人民银行自2003年履行征信管理职责以来，一直积极推动征信法规建设，逐步形成了以《条例》为主，《征信机构管理办法》、《征信机构信息安全规范》、《金融信用信息基础数据库用户管理规范》、《征信机构监管指引》、《企业征信机构备案管理办法》等多部规章制度标准相配套的法律法规体系。从法律规章层面明确了个人征信和企业征信区别管理的模式、征信管理的基本准则等；逐步完善了征信机构管理、征信业务管理、高级从业人员管理、风险控制及信息保护、金融信用信息基础数据库管理等全方位的规章制度,形成了完善的征信法规及制度体系。

(一)《征信业管理条例》

《条例》于2012年12月26日国务院第228次常务会议通过,自2013年3月15日起实施,是我国征信业的一部重要法规。《条例》的主要内容包括:一是《条例》适用范围,包括《条例》适用的业务领域、业务类型等。二是征信监管体制,包括中国人民银行及其派出机构的监管职责,国务院有关部门和县级以上地方政府的相应职责。三是征信机构,包括征信机构的定义、类别、设立条件、审批程序等,以及对外商投资设立的征信机构、境外征信机构在境内经营征信业务的专门规定。四是征信业务规则,包括个人征信业务规则、企业征信业务规则,以及加强征信信息管理的相关规定、技术措施等。五是征信信息主体权益,包括信息主体对自身信用报告的知情权、异议申诉权等。六是金融信用信息基础数据库,包括数据库信用信息的采集、报送、查询、使用等相关规定。七是监督管理,包括国务院征信业监督管理部门及其派出机构的监督管理职责、监督检查措施、相关工作人员的保密要求等。八是法律责任,包括违规从事征信经营活动,采集禁止采集的个人信息或未经本人同意采集个人信息、对外提供或者出售信息等违法行为的法律责任(《条例》全文见附录)。

《条例》适用于我国境内从事个人或企业信用信息的采集、整理、保存、加工,并向信息使用者提供的征信业务及相关活动。规范的对象主要是征信机构的业务活动及对征信机构的监督管理。

(二)《征信机构管理办法》

《征信机构管理办法》是《条例》的配套制度,由中国人民银行以部门规章的形式发布执行,主要解决《条例》出台后,征信机构审批和备案以及征信机构管理的操作性问题。《征信机构管理办法》以规范征信机构设立、变更和终止为主线,以征信机构公司治理、风险防控和信息安全为管理重点,遵循"个人征信机构从严、企业征信机构从宽"的管理原则,对《条例》涉及征信机构管理的条款进行了细化和补充。主要内容包括个人征信机构的准入管理、企业征信机构的备案管理、征信机构的退出、高级任职人员的管理、监督管理制度等。

（三）《征信机构信息安全规范》

《征信机构信息安全规范》从管理规范、技术规范和业务操作规范三个维度对征信机构信息安全进行规范，为征信机构信息系统建设、运行和维护以及开展安全检查和内部审计提供了指南。标准的主要内容包括：第一，安全管理规范，包括安全管理制度、安全管理机构、人员安全管理、系统建设管理和系统运维管理五个方面内容。第二，安全技术规范，明确了客户端、通信网络和服务器端的不同技术要求。第三，业务操作规范，从系统接入和注销、用户管理、信息采集和处理、信息加工、信息保存、信息查询、异议处理、信息跨境流动、研究分析、安全检查和评估等环节，有针对性地提出征信机构业务操作的管理要求。

（四）《金融信用信息基础数据库用户管理规范》

《金融信用信息基础数据库用户管理规范》的适用范围为接入或管理金融信用信息基础数据库的从事信贷业务的机构、征信中心、人民银行分支机构、金融管理部门的数据报送用户、查询用户、管理员用户、异议处理用户等各类用户。《金融信用信息基础数据库用户管理规范》按照从事信贷业务的机构、征信中心、人民银行分支机构、金融管理部门四类机构，数据报送用户、管理员用户、查询用户、异议处理用户四类用户进行划分，对各类用户的职责、用户创建、用户变更、用户停止、用户操作等行为进行规范，使同一类型的不同机构按照统一的标准创建用户、对用户进行管理。

四、征信系统及数据库建设

目前，中国人民银行建设了两大征信系统，分别是企业征信系统和个人征信系统。截至2015年末，企业征信系统和个人征信系统为2 120.3万户企业和其他组织及8.8亿自然人建立了信用档案，其中，有信贷关系的企业和自然人已全部接入征信系统。个人征信系统已成为世界上收录人数最多的征信系统，企业征信系统收录的企业和其他组织数量也在全球众多的企业征信系统中位居前列。

截至2015年末，企业征信系统累计接入机构2 590家，个人征信系统累计接入机构2 665家，包括全国性商业银行、城市商业银行、外资银行、合作金融机构、村镇银行等银行类金融机构，财务公司、信托投资公司、租赁公司、汽车金融公司等非银行类金融机构，以及各地公积金中心和小额贷款公司等。

在此基础上，为全面反映企业和个人信用状况，帮助更多的企业和个人与商业银行建立信贷关系，征信系统广泛整合企业和个人身份、非金融领域负债以及遵纪守法等方面的信息，如企业和个人的参保缴费信息、住房公积金缴存信息、公用事业缴费信息以及一些涉及企业和个人生产经营和还款能力的行政许可和处罚等公共信息，包括企业的环境违法信息、法院判决和强制执行信息、欠税信息等。此外，与公安部的人口数据库和质检总局的组织机构代码数据库分别实现了个人身份信息和组织机构代码信息的联网核查。

五、个人信用信息的采集与使用

根据《个人信用信息基础数据库管理暂行办法》，个人信用数据库采集如下信息：

1. 个人基本信息。包括个人的姓名、证件类型及号码、通信地址、联系方式、婚姻状况、居住信息、职业信息等。

2. 贷款信息。包括贷款发放银行、贷款金额、贷款期限、还款方式、实际还款记录、担保信息等。

3. 信用卡信息。包括发卡银行、授信额度、还款记录等。

4. 信贷领域以外的信用信息。包括电信、水费、电费、燃气费等公用事业费用缴纳信息，住房公积金信息、养老保险信息、欠税信息、法院判决信息等。

目前，个人信用信息基础数据库的信息来源主要是商业银行等机构收录的个人基本信息、在金融机构借款和担保等信贷信息。这些信用信息由商业银行按照中国人民银行发布的个人信用数据库标准及其有关要求，准确、完整、及时地向个人信用数据库报送。信贷领域以外的信用信息不断整合，逐步扩大数据采集范围。

个人信用信息的使用也有明确的规定。一是信息提供者向征信机构提供个人不良信息,应当事先告知信息主体本人;二是信息主体可以向征信机构查询自身信息,个人信息主体有权每年两次免费获取本人的信用报告;三是向征信机构查询个人信息的,应当取得信息主体本人的书面同意并约定用途,法律规定可以不经同意查询的除外;四是信息使用者应当按照与个人信息主体约定的用途使用个人信息,不得用做约定以外的用途,不得未经个人信息主体同意向第三方提供。

六、个人隐私保护

个人信用记录里涉及很多个人信息,许多人担心资金的信息被人随便窥探,隐私权得不到保护。不必担心,征信系统采取了许多措施,确保个人信息的安全。

(一)严格规范个人征信业务

《条例》规定,除依法公开的个人信息外,采集个人信息应当经信息主体本人同意,未经同意不得采集;向征信机构提供个人不良信息的,应当事先告知信息主体本人;征信机构对个人不良信息的保存期限不得超过5年,超过的应予删除;除法律另有规定外,他人向征信机构查询个人信息的,应当取得信息主体本人的书面同意并约定用途,征信机构不得违反规定提供个人信息。

(二)禁止和限制采集的信息

《条例》明确规定禁止和限制征信机构采集的个人信息包括:禁止采集个人的宗教信仰、基因、指纹、血型、疾病和病史信息以及法律、行政法规规定禁止采集的其他个人信息;征信机构不得采集个人的收入、存款、有价证券、不动产的信息和纳税数额信息,但征信机构明确告知信息主体提供该信息可能产生的不利后果,并取得其书面同意采集的除外。

(三)个人对本人信息享有查询、异议和投诉等权利

个人可以每年免费两次向征信机构查询自己的信用报告;个人认为信息错误、遗漏的,可以向征信机构或信息提供者提出异议,异议受理部门应当在规定时限内处理;个人认为合法权益受到侵害的,可以向征信业监督管理部门投诉,征信业监督管理部门应当及时核查处理并限期答复。个人对违反《条例》规定,侵犯自己合法权利的行为,还可以依法直接向人民法院提起诉讼。

(四)保护个人隐私

主要措施有：一是限定用途。除了本人以外，商业银行只有在办理贷款、信用卡、担保等业务时，或管理贷出款项、发出信用卡时才能查看个人信用报告。二是保障安全。个人信用信息是通过保密专线从商业银行传送到征信中心的个人信用信息基础数据库，在这个过程中没有任何人为干预，由计算机自动处理。整个系统采用了国内最先进的计算机防病毒和防黑客攻击的管理系统，其安全性是国内一流的。三是查询记录。个人信用信息基础数据库还对查看个人信用报告的商业银行信贷人员（即数据库用户）进行管理，每一个用户都要登记注册，而且计算机系统还自动追踪和记录每一个用户查询个人信用报告的情况，并展示在个人信用报告中。四是违规处罚。对违反规定获取、查询、使用、管理或泄露个人信息的单位和人员有严厉的处罚规定，构成犯罪的将依法追究刑事责任。

与此同时，用户是自己个人隐私最好的保护者。首先，用户在填写信贷业务申请表时，应留意申请表中的授权查询条款或其他书面授权文件。其次，个人应定期查询自己的信用报告，根据信用报告中的查询记录判断是否有可疑情况，发现未经授权的查询，要及时报告中国人民银行征信中心。

第二节　个人信用

一、什么是个人信用报告

个人信用报告是征信机构出具的记录个人过去信用信息的文件，它系统全面地记录个人信用活动、反映个人信用状况。它可以帮助交易各方了解对方信用状况，方便个人达成经济金融交易，可以说是个人的"经济身份证"。

个人信用报告主要包括以下信息：

1. 基本信息：姓名、身份证号、家庭住址、工作单位等。
2. 贷款信息：何时在哪家银行贷了多少款、还了多少款、还有多少款没有还、是否按时还款等。
3. 信用卡信息：办理了哪几家银行的信用卡、信用卡的透支额度、还款记录等。

4. 查询信用报告的记录：计算机会自动记载何时何人出于什么原因查看了个人信用报告。

二、如何查询个人信用报告

（一）查询机关

如果个人需要查询自己的信用报告，可以到中国人民银行征信中心或个人所在的当地人民银行分支行的征信管理部门提出查询申请。经过身份验证后，征信中心或人民银行分支机构征信管理部门向查询人提供个人信用报告。

自 2013 年 3 月起，我国开始个人信用记录网上查询试点工作，2014 年实现全国推广，个人可通过登录 http：//ipcrs.pbccrc.org.cn 查询个人信用报告。

（二）查询需要提供的资料

查询时，要如实填写个人信用报告本人查询申请表。届时，需要带上查询人本人的有效身份证件的原件及复印件，其中复印件要留给查询机构备案。个人有效身份证件包括：身份证、军官证、士兵证、护照、港澳居民来往内地通行证、台湾同胞来往内地通行证、外国人居留证等。

（三）查询是否收费

个人信用报告查询是中国人民银行征信中心提供的一种服务，个人信息主体有权每年两次免费获取本人的信用报告。

三、如何避免出现不良记录

在日常生活中容易出现不良记录的行为：一是信用卡透支消费没有按时还款而产生逾期记录；二是按揭贷款没有按期还款而产生逾期记录；三是按揭贷款、消费贷款等贷款的利率上调后，仍按原金额支付月供而产生的欠息逾期；四是为第三方提供担保时，第三方没有按时偿还贷款而形成的逾期记录。

在日常生活中，个人发生信用交易后，应随时留意还款日期，加强与金融机构信贷员等有关业务人员的联系，按时归还贷款本息或信用卡透支额。同时，在信用卡等停用时，应及时到相关部门办理停用或注销手续。

四、不良信息会保存多久

根据《条例》的规定,征信机构对个人不良信息自不良行为或者事件终止之日(一般为该笔贷款或信用卡欠款还清之日)起保存 5 年;超过 5 年的,应当予以删除。

五、如何修复自己的信用记录

个人应当在日常生活中养成良好的信用意识和习惯,避免因出现不良记录而给自己造成不利影响。首先是注意养成良好的消费习惯和还款习惯,对于日常消费、贷款和各类缴费,要注意还款期限,避免出现逾期,以诚为本,恪守信用,树立良好的信用意识;其次是妥善安全地进行有关信贷活动,并做好关联预警提示。选择合适的还款方式,采取有效的提醒措施,确保每笔贷款和信用卡按时还款。

如果目前您的信用报告中已存在不良记录,应避免再出现新的不良记录,并尽快重新建立个人的守信记录。商业银行等金融机构在判断用户的信用状况时,着重考察的是用户近期的信贷交易情况。如果您偶尔出现了逾期还款,但此后都是按时、足额还款,这足以证明您的信用状况正在向好的方向发展。

六、银行发放贷款为什么要考察个人信用记录

商业银行是经营风险的机构,通过考察个人信用记录,可以及时掌握借款申请人的信用状况,将未来发生风险的可能性降到最低。通过向中国人民银行征信中心查询个人信用报告,一方面,商业银行能够掌握申请人已经发生的银行借款的情况,即申请人当前的负债状况,再根据申请人提供的职业、收入、担保物等情况,分析判断借款人的还款能力,确定是否给其发放贷款及贷款多少;另一方面,个人信用报告中提供的申请人的历史信用记录,还能帮助商业银行分析判断借款人的还款意愿,帮助商业银行更好地防范和控制信贷风险。

七、个人信用报告异议处理及流程

如果个人用户对自己的信用报告有异议,可以通过三种渠道反映出错信

息,要求核查、处理。一是由本人或委托他人向所在地中国人民银行分支行征信管理部门反映;二是直接向中国人民银行征信中心反映;三是委托直接涉及出错信息的商业银行经办机构反映。

当事人如果对最终处理结果仍有争议,还可以向中国人民银行征信中心申请在信用报告中加入个人声明。

第八章 理财

第八章 理　　财

您可能是一名刚毕业的大学生，正在做着"房车"梦；您可能是一个初为人父的年轻爸爸，正在为孩子未来的生活和教育绞尽脑汁；您可能是一位面临退休的老工人，正在为退休后的生活发愁……不论您处于什么样的状况，您都需要和钱打交道，都要面临如何计划收支、如何进行投资、如何让自己老来无忧、如何让子女享受更好的教育等一系列问题，那么您就需要学习一些理财的基础知识和技巧，这正是本章要向您介绍的内容。

第一节　理财概述

一、什么是理财

理财就是学会合理地处理和运用钱财，有效地安排个人或家庭支出，在满足正常生活所需的前提下，进行正确的金融投资，购买适合自己的各种金融产品，最大限度地实现资产的保值和增值。

二、家庭理财规划

（一）如何进行家庭理财

家庭理财是关于如何计划家庭收支、如何管理家庭财富的学问。正确的理财，可以让我们避免无谓的浪费，增加家庭财富，储备家庭财力，过上更加富裕的生活。经常听人说"你不理财，财不理你"，也就是说，理不理财不一样。

家庭理财包括开源和节流两个方面。开源指增加收入和让家庭现有资产增值，节流指节省支出与合理调节家庭消费结构，通过长期合理的家庭财政安排，实现家庭成员所希望达到的理想经济目标。

（二）如何制订家庭理财规划

理财做得好，首先要有一个全盘规划。家庭理财规划是指在全面考察收支状况、家庭资产财务情况后，根据家庭风险承担能力、家庭成员的人生偏好以及不同阶段的家庭需求，确定家庭理财目标，制订合理的家庭投资理财方案。下面给您介绍几个理财规划的一般定律：

1. "4321 定律"

这个定律是针对收入较高的家庭，这些家庭比较合理的支出比例是：40%

用于买房及股票、基金等方面的投资；30%用于家庭的生活开支；20%用于银行存款，以备不时之需；10%用于保险。按照这个定律来安排资产，既可以满足家庭生活的日常需要，又可以通过投资保值增值，还能够为家庭提供基本的保险保障。

2. "72定律"

如果您存一笔款，利率是×%，每年的利息不取出来，利滚利，也就是复利计算，那么经过"72/×"年后，本金和利息之和就会翻一番。举个例子，如果现在存入银行10万元，利率是每年6%，每年利滚利，12（12＝72/6）年后，银行存款总额会变成20万元。

3. "80定律"

一般而言，随着年龄的增长，进行风险投资的比例应该逐步降低。"80定律"就是随着年龄的增长，应该把总资产的多少比例投资于股票等风险较高的投资品种。这个比例等于80减去您的年龄再乘以1%。比如，如果您现在30岁，那么您应该把总资产的50%［50%＝（80－30）×1%］投资于股票；当您50岁时，这个比例应该是30%。

4. 家庭保险"双十定律"

家庭保险"双十定律"告诉我们，家庭保险设定的合理额度应该是家庭年收入的10倍，年保费支出应该是年家庭收入的10%。例如，您的家庭收入有12万元，那么总保险额应该为120万元，年保费支出应该为12 000元。

5. 房贷"三一定律"

房贷"三一定律"是指，每月的房贷金额以不超过家庭当月总收入的三分之一为宜，否则您会觉得手头很紧，一旦碰到意外支出，就会捉襟见肘。

需要说明的是，这些小定律都是生活经验的总结，并非放之四海而皆准的真理，还是要根据个人的实际情况灵活运用。

第二节　常见的个人理财工具

一、银行储蓄

银行储蓄包括活期储蓄存款、整存整取定期储蓄存款、零存整取定期储蓄存款、通知存款、教育储蓄存款。具体概念在本书第二章已作详细介绍。

储蓄存款技巧

1. 12存单法。对于追求无风险收益的投资者来说，可以将每月工资收入的10%～15%存为定期存款，切忌直接把钱留在工资账户里，因为工资账户一般都是活期存款，利率很低，如果大量的工资留在里面，无形中就损失了一笔利息收入。

每月定期存款单期限可以设为一年，每月定存一笔，一年下来就会有12张一年期的定期存款单。从第二年起，每个月都会有一张存单到期，如果有急用，就可以使用，也不会损失存款利息；当然如果没有急用的话这些存单可以自动续存，而且从第二年起可以把每月要存的钱添加到当月到期的这张存单中，继续滚动存款，每到一个月就把要存的钱添加到当月到期的存款单中，重新获得一张存款单。

2. 阶梯存款法。这是一种与12存单法类似的存款方法，这种方法比较适合与12存单法配合使用，尤其适合年终奖金（或其他单项大笔收入）。具体操作方法是，假如您今年获得一笔年终奖5万元，可以把这5万元奖金分为均等5份，各按1年、2年、3年、4年、5年定期存5份存款。当一年过后，把到期的一年定期存单续存并改为五年定期，第二年过后，则把到期的两年定期存单续存并改为五年定期，依此类推，5年后您的5张存单就都变成5年期的定期存单，每年都会有一张存单到期，这种储蓄方式既方便使用，又可以享受五年定期的高利息。这是一种非常适合于有一大笔现金的存款方式。

3. 合理使用通知存款。通知存款很适合手头有大笔资金准备用于近期（3个月以内）开支的人。假如手中有10万元现金，拟于近期首付住房贷款，但是又不想把10万元简简单单存活期损失利息，这时就可以存7天通知存款。这样既保证了用款时的需要，又可享受比活期利率高出几倍的利率。

举例来说，用50万元购买7天期的通知存款，持有3个月后，以1.62%的利率计算，利息收益为2 025元，比活期存款利息（以0.72%计算）900元收益高出1 125元，扣除利息税后，通知存款的收益则要比活期存款高出80%。

4. 利滚利存款法。所谓的利滚利存款法，是存本取息与零存整取两种方法完美结合的一种储蓄方法。这种方法能获得比较高的存款利息。

具体操作方法是，比如一笔5万元的存款，可以考虑把这5万元用存本取息方法存入，在一个月后取出存本取息中的利息，把这一个月的利息再开一个零存整取的账户，以后每月把存本取息账户中的利息取出并存入零存整取的账户，这样做的好处就是能获得两次利息，即存本取息的利息再零存整取又获得利息。

5. 4分储蓄法。如果手中有1万元，并计划在1年内使用，但每次用钱的具体金额和时间不能确定，可以采用4分储蓄法。

具体步骤为：把1万元分成4张存单，但金额要一个比一个大，诸如把1万元分别存成1 000元的一张，2 000元的1张，3 000元的1张，4 000元的1张，存期均为1年。这样，如果有1 000元需要急用，只要动用1 000元的存单就可以了，其余的钱依旧可以"躺"在银行里"吃"利息。还可以选择另外一种"4分"的储蓄法，把1 000元存活期，2 000元存3个月定期，3 000元存6个月定期，4 000元存1年定期。

二、商业银行理财产品

根据中国银监会颁布的《商业银行个人理财业务管理暂行办法》，商业银行理财产品是指商业银行将本行开发设计的理财产品向个人客户和机构客户宣传推介、销售、办理申购、赎回等行为。商业银行个人理财产品分为保证收益理财计划和非保证收益理财计划两大类。每种理财计划根据收益和风险的不同又可分为固定收益理财计划、保本浮动收益理财计划和非保本浮动收益理财计划。

（一）"保本又保息"的固定收益理财计划

顾名思义，就是投资者获取的收益固定，若理财资金经营不善造成了损失，完全由银行承担。当然，如果收益很好，超过固定收益的部分也全由银行获得。为了吸引投资者，这种产品提供的固定收益都会高于同期存款利率。

案例 8.1

人物档案：王大爷，今年 63 岁，退休在家，靠退休工资生活。由于家处中西部地区二线城市，物价水平较低，吃喝基本不愁。资金盈余之际，除了银行储蓄外，还拿出一部分资金购买一些银行理财产品。

理财目标：对于像王大爷这样的投资者，属于典型的保守稳健型投资者，风险承受能力低，求稳求赚是其最大的理财目标。求稳，即不能亏本；求赚，就是希望能够获得一些超过银行利息的额外收益。

此类投资者的产品选择范围应主要集中在保本固定收益型产品上，诸如债券类、贷款信托类理财产品等。这些产品既能实现投资者的保本要求，还能获取超过银行同期定期存款的额外收益，是一种非常适合的投资决策。在期限选择上，尽量选取短期理财产品。

（二）"保本不保息"的保本浮动收益理财计划

这类理财计划是指银行保证客户本金的安全，收益则按照约定在银行与客户之间进行分配。在这种情况下，银行为了获得较高收益往往投资于风险较高的投资工具，投资人有可能获得较高收益，当然若造成了损失，银行仍会保证客户本金的安全，只是收益会受到影响。

案例 8.2

人物档案：许经理，37 岁，单身，资深 IT 人士，朝九晚五一族。虽然现在有车有房，但总觉得靠工作积累太慢，希望通过投资赚取较高收益，却不能承受太大风险致使本金受损。

理财目标：对于像许经理这样的上班族，同样可以认为是保守稳健型投资者。与王大爷不同的是，许经理具有为了获取更高收益而承受收益变动风险的能力，也就是具有承受一定风险的主观愿望和客观能力。当然，保本或本金略有损失是其底线。

> 对于此类投资者，可以关注挂钩类、申购新股类等浮动收益型理财产品。这些产品如果运作得当，就能够赚取不菲的浮动收益，并可以在实现预期收益的前提下提前终止该产品，比如挂钩类理财产品。

（三）"本息都不保"的非保本浮动收益理财计划

银行不对客户提供任何本金与收益的保障，风险完全由客户承担，而收益则按照约定在客户与银行之间分配。

案例8.3

人物档案：张先生，年近5旬。虽家有儿女，但是多年的生意盈余之后，不但衣食无忧，而且积累颇多，除了定期的资金周转之用外，几乎都"趴"在银行活期账户上。

理财目标：张先生的理财经验可谓丰富，追求的是理财产品的高收益，同时具有较强的风险承受能力。只是张先生的这笔资金有定期之用，可以选择流动性较强或理财期限较短的非保本收益理财产品。

银行销售的理财产品与存款存在明显区别，具有一定的风险。在购买理财产品前，投资者应确保自己完全理解该项投资的性质和所涉及的风险，详细了解和审慎评估该理财产品的资金投资方向、风险类型及预期收益等基本情况，在慎重考虑后自行决定购买与自身风险承受能力和资产管理需求匹配的理财产品；在购买理财产品后，投资者应随时关注该理财产品的信息披露情况，及时获取相关信息。

三、国债

国债俗称"金边债券"，由国家财政信誉担保，信誉度非常高，其安全性（信用风险）等级当然是所有理财工具中最高的，而收益性因其安全性高而有所降低。

在流动性方面，除了记账式国债之外，凭证式国债、储蓄国债（电子式）

都是以牺牲收益性来换取流动性的，因为二者提前兑付，要以低于国债票面利率来计算收益，而记账式国债可通过证券交易所二级流通市场进行买卖。

表8-1 记账式国债、凭证式国债、储蓄国债（电子式）"三性"比较

特性 \ 种类	记账式国债	凭证式国债	储蓄国债（电子式）
收益性	票面利率略高于相同期限的凭证式国债和储蓄国债（电子式）；通过低买高卖获取额外收益	一般会略高于同期定期储蓄存款利率。如提前兑付，根据持有期限按不同期次国债的不同规定以低于国债票面利率的利率来计算收益	一般会略高于同期定期储蓄存款利率。如提前兑付，条件同凭证式国债
风险性	价格（本金和利息）随市场利率的变动而变动	价格（本金和利息）不随市场利率的变动而变动	价格（本金和利息）不随市场利率的变动而变动
流动性	可以通过证券交易所交易系统进行买卖	只能去原购买网点办理提前兑现，支付2‰手续费	只能去原购买网点办理提前兑现，支付1‰手续费

表8-2 记账式国债、凭证式国债、储蓄国债（电子式）发行兑付比较

项目 \ 种类	记账式国债	凭证式国债	储蓄国债（电子式）
发行对象	主要是机构投资者，个人投资者也可以购买	仅限境内个人投资者，机构投资者不允许购买或持有	仅限境内个人投资者，机构投资者不允许购买或持有
购买方式	开立证券账户或国债专用账户，在发行期内通过证券交易所交易系统直接认购；或到记账式国债承销商处直接购买	用现金直接去承销机构（银行销售网点）购买	在承销银行开立个人国债托管账户，在发行期内购买
流通转让	可以通过证券交易所交易系统进行上市流通转让	不可以流通转让	不可以流通转让

续表

种类 项目	记账式国债	凭证式国债	储蓄国债 （电子式）
付息方式	分期付息的记账式付息国债每半年或一年付息一次	到期一次性还本付息	可按年付息，可利随本清
提前支取	可上市转让	可持有效身份证件到原办理网点提前兑取	可持有效身份证件到原办理网点提前兑取
兑付方式	通过各证券公司的清算备付金账户及时划入各投资者的资金账户	到期后投资者前往承销机构原办理网点办理兑付事宜	到期后承办银行自动将投资者应收本息转入与个人国债托管账户对应的资金账户

四、基金

基金（Fund）有广义和狭义之分，从广义上说，基金是指为了某种目的而设立的具有一定数量的资金。例如，信托投资基金、公积金、保险基金、退休基金，各种基金会的基金。狭义的基金一般是指证券投资基金，即通过发行基金份额，集中投资者的资金，由基金托管人托管，由基金管理人管理和运用资金，是一种利益共存、风险共担的集合证券投资方式。

证券投资基金按基金单位是否可增加、赎回，分为开放式基金和封闭式基金；根据组织方式不同，分为契约型基金和公司型基金；根据投资目标不同，分为成长型基金、收入型基金、平衡型基金；根据投资对象的不同，分为股票型基金、债券型基金、货币型基金、指数型基金、黄金基金、衍生证券基金。

开放式基金和封闭式基金共同构成了基金的两种基本运作方式。开放式基金是指基金规模不固定，基金发起人可根据市场供求情况发行新份额，基金持有人也可根据市场状况和自身投资决策增加认购份额或赎回基金份额的投资基金。封闭式基金是指基金规模在发行前已确定，在发行完毕后和规定的期限内，基金规模固定不变的投资基金。

开放式基金是我国比较流行的由专家帮助理财的一种集合投资理财产品。

开放式基金也是世界各国基金运作的基本形式之一，已成为国际基金市场的主流品种。

表 8-3 开放式基金和封闭式基金的主要区别

种类 项目	开放式基金	封闭式基金
基金规模	基金规模不固定	基金规模固定不变
买卖方式	向基金管理公司或销售机构申购赎回	发起设立时可向基金管理公司或销售机构认购，上市交易时，可在证券交易所按市价买卖
价格形成	以基金单位的资产净值为基础计算	价格受市场供求关系影响较大
费用	需缴纳认购费、赎回费	跟买卖股票一样，在价格之外付出一定比例的证券交易税和手续费

下面，重点介绍一下如何投资开放式基金，以供读者参考。

（一）选择好的基金管理公司

基金的业绩表现和售后服务好坏与基金公司的管理紧密相关，基金公司的综合实力、研究水平、风险控制能力及操作是否规范直接决定基金持有人的回报。因此，选择历史业绩良好，管理规范、行业信誉好、竞争实力雄厚的基金管理公司是投资基金成功的重要前提，是选择基金需要优先考虑的原则。

（二）充分考虑投资风险，运用家庭闲置资金投资基金

基金属于较高风险的理财品种，目前国内基金的投资对象主要以股票市场为主，当宏观经济不景气或股市低迷时，基金的投资效益会受到很大影响，会出现大比例亏损的情况。因此，我们一定要根据自己的资金实力和家庭风险承受度，来决定购买多少基金合适，基金资产所占家庭资产的比例多少合适，以及选择什么样投资策略风格的基金品种。

（三）选好买入和卖出基金的时机

对于股票型基金和指数型基金，我们在持有基金的同时，应密切关注股票市场走势状况。通常市场经过长期下跌，指数位于历史低位时为较佳的投资基金时机，此时可以增持老基金份额或认购一些新发行基金。如果市场经过了一段长时间的大幅上涨，指数已经处于高位，这时基金单位净值已经很高，基金

持有人的净值账面获利已很丰富,此时往往是投资者卖出基金的大好机会,切记高位时要"落袋为安",不要轻易追加投资。

(四)以长期投资为主的原则

购买基金应立足投资和分享企业业绩增长的目的,应尽量减少短期买卖基金操作行为。投资者在资金比较充裕的情况下,采取长期投资策略可以减少买卖费用,降低基金投资成本,避免失误,控制风险。其实作为基金持有人不必太在意基金的短期波动,只要资本市场发展态势良好,所持基金的管理人又具备较好的市场操作能力,那么长期持有能获取更大的收益。

五、股票

股票是一种有价证券,是股份公司在筹集资本时向出资人公开或私下发行的、用于证明出资人的股本身份和权利,并根据持有人所持有的股份数享有权益和承担义务的凭证。我们一般所称的股票投资主要指投资者通过证券交易所买卖股票的行为。

(一)股市投资有哪些风险

1. 市场系统性风险。这是宏观经济变化导致的股票市场大趋势变化的风险。经济和股市有盛有衰,循环不息,宏观经济欣欣向荣时,股票市场一般会进入相应的牛市状态,大多数股票会升值,此时投资股票风险较小。经济不景气的时候,股市往往会进入整体下跌的熊市,各类股票价格会持续下降,这个时候进行股票投资的风险就很大了,绝大多数投资者可能会遭受到巨大的损失。

2. 行业景气风险。投资股票时要重视对公司所处行业的景气分析,选择"朝阳行业"的公司股票买入,规避萎缩和不景气行业的公司股票。

3. 公司经营和业绩风险。有些股票会因为公司经营不善,无法为投资者带来预期的收益或无法分配股利,从而导致价格下跌。另外,某些上市公司管理运作的不规范和公司信息不透明,也会增加投资股票的风险。

4. 利率风险。储蓄利率上升,不仅会增加上市公司的经营成本,还会增加投资者的机会成本,进而引起股票价格估值水平的整体下降,打击股票、债券的价格,造成股票投资人财富损失。

5. 投机风险。这是股票持有者所面临的所有风险中最难对付的一种，它给持股人带来的后果有时是灾难性的。在股票市场上，行情瞬息万变，很难预测行情变化的方向和幅度。我们经常可以看到收入正在节节上升的公司，其股票价格却下降了；还有一些公司，经营状况不错，收入也很稳定，它们的股票却在很短的时间内上下剧烈波动。出现这类反常现象的原因，很难用某种简单的理论进行解释，也很难用某种简单的方法进行规避。因此，控制投机风险最好的办法就是尽量远离那些投机性强和价格剧烈波动的股票。

（二）怎样控制股票投资风险

投资者在涉足股票投资的时候，应该结合个人的实际状况，制定可行的家庭投资风险控制策略。下面简单介绍控制股票投资风险的三个原则，以供读者参考。

1. 风险分散原则。投资者在安排家庭资产投资时，要牢记"不要把鸡蛋放在一个篮子里"。股票流动性好，变现能力强，但与银行储蓄、债券相比，股票价格波动幅度大，亏损的风险也大。因此，不要把全部资金都投入到股市上。对于投入股市的资金，也要切记不要把全部资金只投一两只股票，股票市场上也要进行组合投资，将资金分散投资于蓝筹股、成长股或不同行业的股票，这样可以有效地规避上市公司的个股风险和市场投机风险。

2. 量力而行原则。股票价格变动较大，投资者不能只想盈利，还要有一定的风险承受能力。《中华人民共和国证券法》明文禁止透支、挪用公款炒股，正是体现了这种风险控制的思想。投资者必须结合个人的财力和心理承受能力，拟定合理的投资策略。

3. 熊市不做原则。股票市场存在系统性风险，宏观经济不景气和股市大势走熊时，绝大多数上市公司的股票都会受大趋势影响，陷入价格持续下跌的走势中，此时进行股票投资风险很大，甚至会出现十投九赔的情况，因此风险控制的最好办法就是熊市不做股票。

六、期货

期货也称期货合约，是指由期货交易所统一制定、规定在将来某一特定的时间和地点交割一定数量的实物商品或金融商品的标准化合约。国际上，期货作为投资产品的同时，也是一种有效的风险规避工具，广泛地渗透进商业经济活动中的各个领域。

（一）我国商品期货交易所和具体的交易品种

我国目前有四家期货交易所：上海期货交易所、大连商品交易所、郑州商品交易所和中国金融期货交易所。

1. 上海期货交易所。上市交易的期货合约有黄金、白银、铜、铝、锌、铅、螺纹钢、燃料油、天然橡胶、线材、石油沥青等品种。

2. 大连商品交易所。上市交易的期货合约有玉米、黄大豆1号、黄大豆2号、豆粕、豆油、棕榈油、线型低密度聚乙烯、聚氯乙烯、焦炭、焦煤、铁矿石等品种。

3. 郑州商品交易所。上市交易的期货合约有强麦、普麦、棉花、白糖、菜籽油、早籼稻、精对苯二甲酸（PTA）、甲醇、玻璃、油菜子、菜子粕、动力煤等品种。

4. 中国金融期货交易所。2006年9月8日在上海成立，由上海期货交易所、郑州商品交易所、大连商品交易所、上海证券交易所和深圳证券交易所共同发起设立的金融期货交易所。上市的期货品种为股指期货（沪深300股票指数期货）、国债期货等。

（二）期货交易的特点

期货交易的基本特征可以归纳为以下几个方面：

1. 合约标准化

期货交易是通过买卖期货合约进行的，而期货合约是标准化的。期货合约标准化指的是除价格外，期货合约的所有条款都是预先由期货交易所规定好的，具有标准化的特点。

2. 交易集中化

期货交易必须在期货交易所内进行。期货交易所实行会员制，只有会员方能进场交易。那些处在场外的广大客户若想参与期货交易，只能委托期货经纪公司代理交易。所以，期货市场是一个高度组织化的市场，并且实行严格的管理制度，期货交易最终在期货交易所内集中完成。

3. 双向交易和对冲机制

双向交易，也就是期货交易者既可以买入期货合约作为期货交易的开端（称为买入建仓），也可以卖出期货合约作为交易的开端（称为卖出建仓），也就是通常所说的"买空卖空"。与双向交易的特点相联系的还有对冲机制，在期货交易中大多数交易者并不是通过合约到期时进行实物交割来履行合约的，而是通过与建仓时的交易方向相反的交易来解除履约责任的。具体说就是买入建仓之后可以通过卖出相同合约的方式解除履约责任，卖出建仓后可以通过买入相同合约的方式解除履约责任。

4. 杠杆机制

期货交易实行保证金制度，也就是说，交易者在进行期货交易时者需缴纳少量的保证金，一般为成交合约价值的5%~10%，就能完成数倍乃至数十倍的合约交易，期货交易的这种特点吸引了大量投机者参与期货交易。期货交易具有的以少量资金就可以进行较大价值额的投资的特点，被形象地称为"杠杆机制"。期货交易的杠杆机制使期货交易具有高收益高风险的特点。

5. 每日无负债结算制度

期货交易实行每日无负债结算制度，也就是在每个交易日结束后，对交易者当天的盈亏状况进行结算，在不同交易者之间根据盈亏进行资金划转，如果交易者亏损严重，保证金账户资金不足时，则要求交易者必须在下一日开市前追加保证金，以做到"每日无负债"。

期货交易必须集中在交易所内进行，而在场内操作交易的只能是交易所的会员，包括期货经纪公司和自营会员。因此普通投资者在进入期货市场交易之前，应首先选择一个具备合法代理资格、信誉好、资金安全、运作规范和收费比较合理的期货经纪公司会员。自营会员没有代理资格。

投资者参与股指期货、国债期货交易必须满足一定的条件。一是"有资金"，股指期货开户的资金门槛初步设为50万元，目前我国的股票投资者中，账户资产在50万元以下的占95%~98%。这个资金门槛，可以让风险承担能力较低的投资者先不涉足股指期货这个产品。二是"有知识"，投资者必须掌握股指期货基本知识，了解产品属性与风险，通过股指期货基础知识测试才能开户交易。三是"有经验"，中国金融期货交易所规定，投资者必须经过至少五个交易日的仿真交易、累积成交20手以上才能参与股指期货。此外，投资者的商品期货及股票投资经验也作为弹性参考指标。

七、黄金

目前，我国黄金零售市场已经放开，个人可以在黄金零售市场上购买实物黄金金条和黄金首饰等黄金制品。此外，投资者可以通过上海黄金交易所、上海期货交易所、商业银行及黄金 ETF 等渠道进行黄金投资。

（一）上海黄金交易所黄金交易

上海黄金交易所是经国务院批准，由中国人民银行组建的以会员制组织形式，实行自律性管理的法人，提供黄金实物及衍生品的交易、清算、交割、储运以及信息等相关服务。

上海黄金交易所现行交易时间分为三个时段，包括夜晚 20：00～次日凌晨 2：30、上午 09：00～11：30 和下午 13：30～15：30。在黄金业务类别上，主要分为黄金竞价业务、询价业务及借贷业务三大类。黄金竞价交易主要包括黄金现货交易和黄金延期交易两类，目前共上市 12 个黄金合约，其中黄金现货交易是指以支付全额资金的形式在交易所集中进行实物黄金买卖的一种交易方式，目前共上市 8 个合约，分别为 Au99.95、Au99.99、Au99.5、Au100g、Au50g、iAu100g、iAu99.99、iAu99.5；黄金延期交易是指以支付保证金的形式在交易所集中买卖延期交收合约的交易活动，延期合约可以双向交易，客户可以选择合约成交日当天交割或对冲平仓，也可以在之后任一交易日交割或对冲平仓，目前共上市 4 个合约，分别为 Au（T + D）、Au（T + N1）、Au（T + N2）和 mAu（T + D）。询价业务主要面对机构投资者，包括黄金即期、远期、掉期、期权和黄金租借品种。借贷业务主要指在约定的期限内，借出方将自有黄金租借给借入方使用，借入方向借出方支付利息，到期时借入方向借出方归还租借的黄金。根据借入方与借出方的不同，借贷业务可分为银行与银行间的黄金拆借和银行与企业间的黄金租借。参与黄金竞价业务或者询价业务的客户均可以按照规定提取相应的黄金实物。

2014 年 9 月，上海黄金交易所在上海自贸区设立国际业务板块，国际投资者可以通过国际会员参与中国的黄金交易。截至 2016 年 9 月底，共有 67 家国际会员加入黄金国际板。

（二）上海期货交易所黄金期货交易

2007年9月，经国务院同意，中国证监会批准上海期货交易所上市黄金期货。2008年1月，黄金期货合约正式挂牌交易。黄金期货具有固定的交割期限，实行"T+0"交易方式，绝大部分交易在交割期前进行对冲平仓，实物交割极少。黄金期货实行保证金交易，具有杠杆效应，收益和亏损同倍放大。

（三）商业银行黄金交易

商业银行除代理上海黄金交易所黄金交易外，还在柜台提供了多种黄金产品供投资者选择，如账户金、黄金积存/黄金定投计划、挂钩黄金产品的理财类产品以及金条、金币等实物黄金产品。

（四）黄金ETF

除上述渠道外，投资者还可以通过购买交易所交易黄金基金（以下简称黄金ETF）投资黄金市场。国内黄金ETF是通过将绝大部分资产投资并持有上海黄金交易所挂牌交易的黄金合约，紧密跟踪黄金价格，并在证券交易所上市交易的开放式基金产品。上海黄金交易所负责办理投资者与黄金ETF间的黄金现货实盘合约过户及登记、托管黄金现货合约。截至2016年10月底，我国共有华安黄金ETF、国泰黄金ETF、易方达黄金ETF、博时黄金ETF 4只黄金ETF在上海和深圳证券交易所上市交易。

第三节　理财风险防范

一、理财误区

每个人的认知能力都是有限的，在理财过程中谁也不可能完全避免误区的产生。但我们可以通过转变观念，提高理财认识，避免走入误区，用良好的心态去管理财富、享受财富。

二、理财风险

（一）从两个角度去考察风险承受力

1. 风险承受能力。个人或家庭可以承受风险的能力，与年龄、性别、家庭状况等有关。例如，已婚人士以及有孩子的家庭，风险承受能力会比单身人士低。

2. 对待风险的态度。对待风险的态度可以分为冒险型、稳健型、保守型。不同类型的人进行投资时选择的投资组合会有很大的差异。例如，保守型人士会把所有钱存入银行，而冒险型人士大部分会选择投资股票。

（二）家庭理财的"六条原则"

1. 做金钱的主人。树立钱是为人服务的观念，积累财富的目的是为了让家庭实现财富自由。

2. 养成节约的习惯。不管家庭财力的情况如何，节约是一种财富美德。

3. 学会对大宗财富支出进行规划。对家庭的大额消费进行合理计划，可以优化家庭支出的结构。

4. 学会投资，让钱生钱。财富是有时间价值的，如果我们不会进行有效的金融投资，现金资产就会被通货膨胀所侵蚀，所以家庭生活需要理财，要学会让家庭财富保值增值。

5. 善于控制投资风险，避免重大的家庭财产损失。"股神"沃伦·巴菲特有一句理财箴言：投资理财有两个法则，一是无论在什么情况下，保住本金是最重要的；二是谨记第一条。

6. 要有风险责任意识。投资必定有风险，特别是股票、期货等投资工具，高收益必定有高风险，投资者要有风险自担的意识，对自己的行为负责，善于积累分析投资成功与失败的经验教训。

第九章

个人金融信息安全

您在金融机构或特定非金融机构办理金融业务时提交的个人身份信息，发生的金融交易等信息都是您个人的重要金融信息，但如果出现与这些信息有关的不当行为，不但会造成您的个人金融信息泄露，还会让您的合法权益受到侵害。本章将向您讲述个人金融信息安全方面的基础知识和防范技巧。

第一节　个人金融信息概述

一、什么是个人金融信息

个人金融信息是指银行业金融机构在开展金融业务、提供金融服务时，或通过接入中国人民银行征信系统、支付系统以及其他系统获取、加工和保存的财产信息、账户信息、信用信息、金融交易信息以及在这些信息的基础上整理加工所得的衍生信息等。广义的个人金融信息是所有金融机构及特定非金融机构在与自然人建立业务联系、销售金融产品和提供金融服务的过程中产生、获得的所有个人信息的总和。

二、个人金融信息保护范围

个人金融信息是金融机构日常业务工作中积累的一项重要基础数据，也是金融机构客户个人隐私的重要内容。那么到底哪些个人金融信息受保护，也是我们大家关心的问题。根据《中国人民银行关于银行业金融机构做好个人金融信息保护工作的通知》（银发〔2011〕17号），个人金融信息保护的范围包括：

1. 个人身份信息。包括个人姓名、性别、国籍、民族、身份证件种类号码及有效期限、职业、联系方式、婚姻状况、家庭状况、住所或工作单位地址及照片等。

2. 个人财产信息。包括个人收入状况、拥有的不动产状况、拥有的车辆状况、纳税额、公积金缴存金额等。

3. 个人账户信息。包括账号、账户开立时间、开户行、账户余额、账户交易情况等。

4. 个人信用信息。包括信用卡还款情况、贷款偿还情况以及个人在经济活动中形成的，能够反映其信用状况的其他信息。

5. 个人金融交易信息。包括银行业金融机构在支付结算、理财、保险箱等中间业务过程中获取、保存、留存的个人信息和客户在通过银行业金融机构与保险公司、证券公司、基金公司、期货公司等第三方机构发生业务关系时产生的个人信息等。

6. 衍生信息。包括个人消费习惯、投资意愿等对原始信息进行处理、分析所形成的反映特定个人某些情况的信息。

7. 在与个人建立业务关系过程中获取、保存的其他个人信息。

第二节 个人金融信息安全管理

一、个人金融信息保护法律规定

目前，我国尚未出台专门的个人金融信息保护的法律，但在《中华人民共和国中国人民银行法》、《中华人民共和国商业银行法》、《中华人民共和国证券法》、《中华人民共和国保险法》等法律法规中，都有保护个人金融信息的条款。例如：

1. 《中华人民共和国商业银行法》第六条规定：商业银行应当保障存款人的合法权益不受任何单位和个人的侵犯。第二十九条规定：商业银行办理个人储蓄存款业务，应当遵循为存款人保密的原则，对个人储蓄存款，商业银行有权拒绝任何单位或者个人查询、冻结、扣划，但法律另有规定的除外。

2. 《中华人民共和国反洗钱法》第五条规定：对依法履行反洗钱职责或者义务获得的客户身份资料和交易信息，应当予以保密；非依法律规定，不得向任何单位和个人提供。

3. 《中华人民共和国刑法修正案（七）》规定：国家机关或者金融、电信、交通、教育、医疗等单位的工作人员，违反国家规定，将本单位在履行职责或者提供服务过程中获得的公民个人信息，出售或者非法提供给他人，情节严重的，处三年以下有期徒刑或者拘役，并处或者单处罚金。

4. 《征信业管理条例》第十三条规定：采集个人信息应当经信息主体本人同意，未经本人同意不得采集。但是，依照法律、行政法规规定公开的信息除外。第十四条规定：征信机构不得采集个人的收入、存款、有价证券、商业保险、不动产的信息和纳税数额信息，但征信机构明确告知信息主体提供该信息可能产生的不利后果，并取得其书面同意采集的除外。第二十六条规定：信息主体认为征信机构或者信息提供者、信息使用者侵害其合法权益的，可以向所在地的国务院征信业监督管理部门派出机构投诉，信息主体认为征信机构或者信息提供者、信息使用者侵害其合法权益的，可以直接向人民法院起诉。

5. 其他规范性文件。《中国人民银行关于银行业金融机构做好个人金融信息保护工作的通知》（银发〔2011〕17号）规定，银行业金融机构在收集、保存、使用、对外提供个人金融信息时，应当严格遵守法律规定，采取有效措施加强对个人金融信息的保护，确保信息安全，防止信息泄露和滥用。特别是在收集个人金融信息时，应当遵循合法、合理原则，不得收集与业务无关的信息和采取不正当的方式收集信息。银行业金融机构不得篡改、违法使用个人金融信息。在使用个人金融信息时，应当符合收集该信息的目的，不得出售个人金融信息，不得向本金融机构以外的其他金融机构和个人提供个人金融信息（但个人书面授权同意以及法律法规另有规定的除外），不得在个人提出反对的情况下，将个人金融信息用于产生该信息以外的本金融机构其他营销活动。

二、金融监管部门保护措施

2011年1月21日，中国人民银行印发了《关于银行业金融机构做好个人金融信息保护工作的通知》（银发〔2011〕17号），要求商业银行强化个人金融信息保护工作，并从商业银行自身建设、个人金融信息的收集和使用、外包管理、商业银行报告义务和法律责任等方面提出了明确规定。

2012年3月27日，中国人民银行印发了《关于金融机构进一步做好客户个人金融信息保护工作的通知》（银发〔2012〕80号），要求各银行业金融机构在制度、内控管理、信息安全防范、员工教育等方面采取措施，进一步加强个人金融信息保护，并在全国银行业金融机构开展个人金融信息保护自查工作。各级人民银行分支机构适时开展了对银行业金融机构个人金融信息保护工作的专项检查，对未履行客户个人金融信息保护义务，侵害客户合法权益的，根据有关规定严肃处理。

三、金融机构保护措施

1. 采取有效的技术防护措施，防范外部非法入侵系统窃取个人金融信息；
2. 建立内控制度，对可能出现的个人金融信息泄露的环节进行排查；
3. 形成相互监督和制约的管理机制，切实防范信息泄露事件的发生；
4. 履行客户身份识别义务，依法使用、保存和销毁客户原始凭证资料；
5. 规范查询本人、代理查询他人金融信息的程序，审核客户有效身份证件或有关法律文书；
6. 建立员工行为准则，加强员工培训教育，与涉密岗位人员签订书面保密承诺书。

四、金融消费者要强化个人金融信息风险的防范

在金融业虚拟化和网络化程度不断提升的现代社会，个人金融信息安全面临着前所未有的挑战，除了金融机构加强个人金融信息安全管理外，广大金融消费者也应增强防范意识，妥善采取保护措施，确保自己的个人金融信息等隐私信息不受侵害。

1. 切勿把自己的身份证件、银行卡等转借他人使用。
2. 在日常生活中切勿向他人透露个人金融信息、财产状况等基本信息，也不要随意在网络上留下个人金融信息。
3. 尽量亲自办理金融业务，切勿委托不熟悉的人或中介代办，谨防个人信息被盗。
4. 提供个人身份证件复印件办理各类业务时，应在复印件上注明使用用途，如"仅供申报＊＊信用卡用"，以防身份证复印件被移作他用。
5. 不要随意丢弃刷卡签购单、取款凭条、信用卡对账单等，对写错、作废的金融业务单据，应撕碎或用碎纸机及时销毁，不可随意丢弃，以防不法分子捡拾后查看、抄录、破译个人金融信息。
6. 不要轻信来历不明的电话号码、手机短信和邮件。警惕向您询问个人金融信息的电话及电子邮件，在任何情况下，法院、警方都不会要求您告知银行账户、卡号、密码或向来历不明的账户转账，如遇到此类情况，应予以拒绝，必要时立即报警。

第十章 互联网金融

近年来，随着互联网技术和移动终端设备的广泛使用，借助互联网实现资金融通、支付、投资和信息中介服务的互联网金融飞速发展。虽然是一种新生事物，但互联网金融已逐渐融入人们的日常生活。比如，您逢年过节给亲朋好友发送的微信红包，您缴纳水电费时使用的支付宝等支付工具，您在网上购买的一些新型互联网保险产品，这些实际上都属于互联网金融服务的范围。本章带您走进互联网金融，更加全面地了解它的特征、作用以及相关注意事项。

第一节 互联网金融概述

一、什么是互联网金融

互联网金融是传统金融机构与互联网企业利用互联网技术和信息通信技术实现资金融通、支付、投资和信息中介服务的新型金融业务模式。从业务功能上看，互联网金融主要包括互联网支付、网络借贷、股权众筹融资、互联网保险、互联网基金销售、互联网信托和互联网消费金融等。

互联网金融依托于互联网、大数据①、云计算②等现代信息通信技术，因此也有着不同于传统金融业务的新特点。一是互联网金融以大数据、云计算、搜索引擎等技术为基础，通过电商平台、社交平台等网络生成和传播信息，通过搜索引擎对信息进行排序和检索，通过云计算处理信息，具有明显的技术驱动特征。二是资金和金融产品的供需信息在互联网上发布并匹配，供需双方可以直接联系和达成交易，交易成本显著降低，金融服务边界进一步拓展。三是经营主体虚拟化和业务模式网络化降低了对人员、物理网点和自助设备的依赖，在一定网络和技术条件下，用户可以享受到随时随地的金融服务。

---

① 大数据技术就是从各种各样的海量数据中，快速获得有价值信息的技术。比如，互联网记录了人们的痕迹和行为数据，从业机构可以通过对互联网上的海量数据进行抓取分析，获得潜在客户的风险喜好、投资偏好、行为特征等有价值的信息，判断客户的行为模式和信用状况，并据此设计有针对性的营销策略和金融产品。

② 云计算是指互联网服务提供者集成大量资源供多个用户使用，用户可以轻易请求使用更多资源，并基于虚拟化技术，快速获得所需的互联网服务。

二、互联网金融的发展阶段

（一）萌芽阶段（1997年至2005年）

该阶段以网上银行、网上证券的诞生为主要标志。互联网与金融的结合主要体现为互联网为金融机构提供技术支撑，帮助银行"把业务搬到网上"，还没有出现真正意义上的互联网金融业态。

（二）起步阶段（2006年至2011年）

该阶段以第三方支付的逐渐成长为主要标志。随着电子商务的迅速发展，大众网络购物的消费习惯加速形成，网上支付交易规模快速扩大，支付方式开始多样化，相关金融基础设施建设也逐渐完善。

（三）快速发展阶段（2011年至2014年）

该阶段以第三方支付机构纳入监管为起始，以业界公认的互联网金融元年（2013年）为主要标志。2011年，人民银行开始发放第三方支付牌照，互联网基金销售快速发展，P2P网络借贷平台迅速发展，众筹融资平台开始起步，第一家互联网保险公司获批。许多互联网金融产品开始在市面上流行起来，与人们日常生活的联系日益紧密。

（四）规范发展阶段（2015年至今）

互联网金融经过一段时期的快速发展后，第三方支付、移动支付、P2P网络借贷等业务在日常生活中变得十分常见，但是一些问题和风险隐患也在逐渐积累和暴露，规范发展成为互联网金融行业的紧要任务。

三、互联网金融的作用

互联网金融在促进普惠金融发展，引导民间金融规范化，提升金融服务质量和效率，满足社会大众多元化投融资需求等方面能够发挥积极作用，具有巨大的市场空间和发展潜力。

（一）有助于发展普惠金融，弥补传统金融服务的不足

互联网金融的市场定位主要在普通消费者、小微企业等小微客户层面，呈现出"海量交易笔数，小微单笔金额"的特征，具有普惠金融的特点和促进包容性增长的功能，在小微金融领域具有突出的优势，一定程度上填补了传统

金融覆盖面的空白。

（二）有利于发挥民间资本作用，引导民间金融走向规范化

我国民间借贷资本数额庞大，长期以来缺乏高效、合理的投资方式和渠道，游离于正规金融监管体系之外，客观上需要阳光化、规范化运作。通过规范发展 P2P 网络借贷、股权众筹融资等，引导民间资本投资于国家鼓励的领域和项目，遏制高利贷，盘活民间资金存量，使民间资本更好地服务实体经济。

（三）催生信息消费需求，促进网络经济发展

互联网金融通过购买大量的信息产品和信息服务，直接促进了我国"互联网+"产业的发展。此外，互联网金融对大数据、云计算、移动互联网等技术应用的需求，进一步推动我国信息产业加强自主创新和科研攻关。

（四）有助于降低成本，提升资金配置效率和金融服务质量

互联网金融利用电子商务、第三方支付、社交网络形成的庞大数据库和大数据挖掘，显著降低了交易成本。互联网金融企业不需要设立众多分支机构、雇用大量人员，可以提供全天候、全方位、一站式的金融服务，提升了资金配置效率和服务质量。

（五）有助于促进金融产品创新，满足客户多样化需求

互联网金融的快速发展和理念创新，不断推动传统金融机构改变业务模式和服务方式，密切了与传统金融之间的合作关系。互联网金融企业依托新兴技术，能够动态了解客户的多样化需求，提升风险控制能力，推出更多个性化金融产品。

四、互联网金融的风险

作为一项新生事物，互联网金融还有许多需要探索的领域和内容，究其本质，它还是金融，其活动没有脱离资金融通、信用创造、风险管理的范畴，没有违背风险收益相匹配的客观规律，也没有改变金融风险隐蔽性、突发性、传染性和负外部性的特征。现代网络空间的多维开放性和多向互动性，使互联网金融风险的波及面、扩散速度、外溢效应等影响都远超出在传统金融的环境下。

（一）互联网金融具有金融固有的流动性风险、操作风险、市场风险等风险属性

1. 流动性风险。即由于从业机构无法提供足额资金来应对资产增加的需求或无法履行到期债务而引起的相关风险。一些互联网金融问题平台通过拆标等方式进行期限错配，造成平台"拆东墙补西墙，借新债还旧债"的现象，一旦某一环节出现问题，资金链就会断裂，产生流动性风险。

2. 操作性风险。即由于不当或失败的内部流程、人员缺陷、系统缺陷或因外部事件导致直接或间接损失的可能性。比如，平台因技术和界面不友好等原因，导致投资人操作失误所带来的损失；平台因技术和系统原因被黑客攻击，导致投资人信息泄露；平台内控机制不足，导致内部人员挪用客户资金或泄露客户信息等。

3. 信用风险。互联网金融的信用风险主要来自两个方面。一是来自平台上交易方的违约风险。在社会信用环境不完善、客户金融行为不成熟、交易方违约成本低的情况下，信用风险将处于较高水平。二是来自平台自身的违约风险。由于互联网金融行业还处于发展初期，给一些动机不良的平台以可乘之机，出现平台卷款跑路的情况。

4. 法律合规风险。互联网金融涉及支付、借贷、股权融资等多种业务形态，在有效监管不足、投资者风险意识和风险承担能力较弱的情况下，可能突破现有监管边界，触及非法集资、非法经营等法律红线。比如，平台以自身名义从投资人处获得并实际支配资金，可能涉嫌非法吸收公众存款；平台在没有相应业务资质情况下发行理财产品，可能引发非法经营问题。

（二）互联网金融作为互联网与金融深度融合的产物还具有一些特殊风险

1. 长尾风险。互联网金融依托互联网技术将服务范围拓展到了传统金融服务不到、服务不好的更广泛人群，也称为长尾人群。但这些群体可能在金融知识、风险识别能力、风险承受能力等方面存在一定欠缺，更有可能遭受误导、欺诈和不公正待遇。

2. 技术风险。金融与互联网技术结合后，一些带有互联网特色的技术风险也随之而来。比如，终端安全风险主要指进行互联网金融交易的计算机、移动设备等存在漏洞而带来的风险；平台安全风险是指互联网金融平台受到黑客

攻击等安全威胁的风险；网络安全风险指互联网金融交易凭借的数据传输网络带来的风险隐患。

3. 信息泄露风险。用户在互联网金融平台上进行交易活动，会产生大量关于财产、账户、信用、交易情况等信息。这些信息具有较高的经济价值，可能被不法分子所关注。加之一些互联网企业内控制度不健全，对员工的保密教育和管理存在欠缺，存在未能认真履行客户个人信息保密义务、泄露客户个人隐私的现象。

第二节 常见的互联网金融业务

一、互联网支付

互联网支付是指通过计算机、手机等设备，依托互联网发起支付指令、转移货币资金的服务。互联网支付主要服务电子商务发展，为社会提供小额、快捷、便民的小微支付服务。随着技术创新和智能终端的发展，互联网支付业务的应用范围从网上购物、公共事业缴费等传统领域，逐步渗透到航空旅游、教育、基金理财、保险、社区服务、医疗卫生等领域。其中，移动支付成为当前十分活跃、具有广泛发展前景的互联网支付方式。

专栏 10.1　如何安全使用移动支付

（一）不要随意连接未知网络。在咖啡厅、餐厅、酒店等公共区域，尽量不使用公共 WiFi 进行支付。公共 WiFi 的安全性相对较低，不法分子可能使用各种手段，通过公共无线网络来获取用户的相关信息。

（二）不要随意点击不明链接。一些不法分子可能向手机发送欺诈链接诱使用户安装木马或者登录钓鱼网站，从而获得用户账号密码、资金情况等信息，将资金转走。因此，不要随意点击不明的短信、微信、QQ、微博等链接。

（三）妥善保管密码。不要将密码随意告诉他人，也不要将密码设置为生日、身份证后六位、123456、111111、888888 等容易被他人破解的数字。

（四）仔细确定收款人身份。在收到要求转账的信息时，应该仔细确认对方身份后再进行转账，不要轻信一些来自所谓的"房东"、"好友"等的信息。

（五）设置多重密码确保信息安全。适当设置手机开机密码、各类APP解锁密码，确保重要密码不完全一致，防止手机遗失后，一个密码被破解，所有密码均被破解。

（六）手机遗失后快速冻结账号。手机遗失后，快速致电运营商挂失手机号，致电银行冻结相关银行卡，致电第三方支付平台挂失或者冻结账号，并修改微博、微信、QQ等密码。

（七）处理旧手机时彻底删除私人信息。处理旧手机时，比如，转售给他人，应该彻底删除手机内的私人信息，避免他人获取遗留下的个人信息造成资金损失。

二、网络借贷

网络借贷包括个体网络借贷（即 P2P 网络借贷）和网络小额贷款。个体网络借贷是指个体和个体之间通过互联网平台实现的直接借贷。在个体网络借贷平台上发生的直接借贷行为属于民间借贷范畴。个体网络借贷平台为投资方和融资方提供信息交互、撮合、资信评估等中介服务，不得提供增信服务，不得非法集资。网络小额贷款是指互联网企业通过其控制的小额贷款公司，利用互联网向客户提供的小额贷款。

专栏10.2　P2P 网络借贷投资注意事项

投资人应树立"决策自主、风险自担、收益自享"的投资理念，从安全性、收益性、流动性等方面对 P2P 网络借贷项目进行综合考虑，选择适合自己的投资策略。

（一）安全性。要考察 P2P 网络借贷平台能否持续平稳运营，比如，网站打开是否正常，管理层是否稳定，信息披露是否到位，是否有银行第三方资金存管，是否有电信业务经营许可等。

（二）收益率。要遵循收益风险相匹配的原则，如果片面地追求高收益，必然会增加投资风险，一旦 P2P 网络借贷平台出现风险事件，投资人可能本金全失。

（三）流动性。主要体现在投资人收回本息的快慢程度，不同的 P2P 网络借贷平台提供的融资项目期限不同。对于喜欢短期借款或者短期内有资金需求的投资人来说，选择期限短的融资项目比较合适，对于流动性要求不是很高的投资人，可以选择长期的以安全性和收益率为主的融资项目。

（四）小额分散。俗话说，鸡蛋不能放在一个篮子里面，在 P2P 网络借贷投资中，投资人可考虑在兼顾自身精力和时间的前提下，将资金分散到不同的融资项目以及 P2P 网络借贷平台中，尽可能地规避大额集中投资带来的风险。

三、股权众筹融资

股权众筹融资主要是指通过互联网形式进行公开小额股权融资的活动。股权众筹融资必须通过股权众筹融资中介机构平台（互联网网站或其他类似的电子媒介）进行。股权众筹融资方应为小微企业，应通过股权众筹融资中介机构向投资人如实披露企业的商业模式、经营管理、财务、资金使用等关键信息，不得误导或欺诈投资者。投资者应当充分了解股权众筹融资活动风险，具备相应风险承受能力，进行小额投资。

四、互联网基金销售

互联网基金销售是指基金销售机构与其他机构通过互联网合作销售基金等理财产品。基金销售机构与其他机构通过互联网合作销售基金等理财产品的，要切实履行风险披露义务，不得通过违规承诺收益方式吸引客户；基金管理人应当采取有效措施防范资产配置中的期限错配和流动性风险；基金销售机构及其合作机构通过其他活动为投资人提供收益的，应当对收益构成、先决条件、适用情形等进行全面、真实、准确的表述和列示，不得与基金产品收益混同。

五、互联网保险

互联网保险是指保险公司或者其他中介机构利用互联网来开展保险业务的行为，包括为客户提供有关保险产品和服务的信息，实现网上投保，直接完成保险产品和服务的销售。依托互联网生态，互联网保险产品和服务不断得到拓展丰富，产品类型不再局限于人身险和财产险范畴，与特定场景相结合的创新险种不断出现。比如，基于电商场景的退货运费险、基于支付场景的银行卡盗刷险、基于O2O场景的外卖食品安全责任险以及航空延误险、网络游戏虚拟财产损失险等，满足互联网时代人们的风险保障需求。

六、互联网信托和互联网消费金融

互联网信托主要是信托公司通过互联网进行产品销售及开展其他信托业务。开展互联网信托业务，从业机构要审慎甄别客户身份和评估客户风险承受能力，不能将产品销售给予风险承受能力不相匹配的客户。互联网消费金融是指消费金融公司通过互联网开展业务。当前，一些其他从业机构利用客户消费记录、购物评价等数据进行风险评级，形成信用评价，并据此决定是否对客户进行授信以及授信额度，也属于广义的互联网消费金融范畴。近年来，国务院多次出台政策支持发展消费信贷，消费金融公司试点业务进一步扩展至全国。在政策利好和市场需求刺激下，互联网消费金融引发各类主体争相布局。商业银行积极将信用卡、消费信贷等消费金融业务互联网化。消费金融公司利用互联网、大数据等技术，不断创新消费金融产品。此外，一些电商平台也依托自身业务和消费场景推出互联网消费信贷产品。

第三节　互联网金融监管与自律

一、互联网金融相关管理制度规范

为促进互联网金融行业规范健康发展，更好地发挥互联网金融促进普惠金融发展，提升金融服务质量和效率等方面的积极作用，国家相关部委出台了一系列互联网金融行业管理制度文件，对互联网金融业务进行了规范。随着其他管理细则和配套性制度文件的出台，互联网金融法律制度体系将进一步完善，互联网金融行业的规范化、法制化水平将进一步提升。

(一)《关于促进互联网金融健康发展的指导意见》

2015年7月，中国人民银行、工业和信息化部、公安部、财政部、国家工商总局、国务院法制办、中国银监会、中国证监会、中国保监会、国家互联网信息办公室联合发布了《关于促进互联网金融健康发展的指导意见》。该意见按照"鼓励创新、防范风险、趋利避害、健康发展"的总体要求，提出了一系列鼓励创新、支持互联网金融稳步发展的政策措施。积极鼓励互联网金融平台、产品和服务创新，鼓励从业机构相互合作，拓宽从业机构融资渠道，坚持简政放权和落实、完善财税政策，推动信用基础设施建设和配套服务体系建设。按照"依法监管、适度监管、分类监管、协同监管、创新监管"的原则，确立了互联网支付、网络借贷、股权众筹融资、互联网基金销售、互联网保险、互联网信托和互联网消费金融等互联网金融主要业态的监管分工，落实了监管责任，明确了业务边界。为切实保障消费者合法权益，维护公平竞争的市场秩序，提出加快建立健全互联网行业管理、客户资金第三方存管制度、信息披露、风险提示和合格投资者制度、消费者权益保护、网络与信息安全、反洗钱和防范金融犯罪、互联网金融行业自律、监管协调与数据统计监测等方面的管理制度。

(二)《互联网保险业务监管暂行办法》

2015年7月，中国保监会发布了《互联网保险业务监管暂行办法》。该办法主要明确了互联网保险业务、保险机构、自营网络平台、第三方网络平台等概念的界定，以及保险机构经营互联网保险业务的基本原则要求。规定了保险机构经营互联网保险业务的集中管理要求，自营网络平台和第三方网络平台的经营条件，以及可扩展经营区域的险种范围等。明确了保险产品、保险机构以及行业协会分别在信息披露方面的具体内容和要求。规定了保险机构、第三方网络平台的禁止性行为及退出管理要求，明确了保监会、保监局的监管职责分工与监管方式。明确了对专业互联网保险公司、再保险业务、通过即时通信工具等方式销售保险产品、保险集团公司依法设立的网络平台的管理要求。

（三）《货币市场基金监督管理办法》

2015年12月，中国证监会与中国人民银行联合发布了《货币市场基金监督管理办法》。该办法重在处理好货币市场基金创新发展与风险防范的关系，也是贯彻落实《关于促进互联网金融健康发展的指导意见》有关政策措施与监管责任的重要举措。该办法对2004年《货币市场基金管理暂行规定》进行了修订，进一步完善了货币市场基金投资范围、期限及比例等监管要求，强化了对货币市场基金投资组合的风险控制，并对货币市场基金的流动性管理作出了系统性的制度安排，提高行业流动性风险的自我管控能力。针对货币市场基金与互联网深度融合发展的新业态，对货币市场基金的互联网销售活动与披露提出了针对性要求。鼓励货币市场基金在风险可控的前提下进一步创新发展，积极拓展货币市场基金投资范围，支持货币市场基金份额上市交易或转让，拓展货币市场基金支付功能。

（四）《非银行支付机构网络支付业务管理办法》

2015年12月，中国人民银行发布了《非银行支付机构网络支付业务管理办法》。该办法旨在规范非银行支付机构网络支付业务，防范支付风险，保护当事人合法权益。该办法规定，支付机构应当遵循主要服务电子商务发展和为社会提供小额、快捷、便民的小微支付服务的宗旨。按照统筹科学把握鼓励创新、方便群众和金融安全的原则，结合支付机构网络支付业务发展实际，中国人民银行确立了坚持支付账户实名制、平衡支付业务安全与效率、保护消费者权益和推动支付创新的监管思路。主要措施包括：一是清晰界定支付机构定位。坚持小额便民、服务于电子商务的原则，有效隔离跨市场风险。二是坚持支付账户实名制。针对网络支付非面对面开户的特征，强化支付机构通过外部多渠道交叉验证识别客户身份信息的监管要求。三是兼顾支付安全与效率。本着小额支付偏重便捷、大额支付偏重安全的管理思路，根据交易验证安全程度的不同，对使用支付账户余额付款的交易限额作出了相应安排，引导支付机构采用安全验证手段来保障客户资金安全。四是突出对个人消费者合法权益的保护。引导支付机构建立完善的风险控制机制，健全客户损失赔付、差错争议处理等客户权益保障机制，有效降低网络支付业务风险。五是实施分类监管推动创新。建立支付机构分类监管工作机制,对支付机构及其相关业务实施差别化管理,引导和推动支付机构在符合基本条件和实质合规的前提下开展技术创新、流程创新和服务创新。

专栏10.3　支付账户与银行账户有何不同

支付账户最初是支付机构为方便客户网上支付和解决电子商务交易中买卖双方信任度不高而为其开立的,与银行账户有明显不同。

一是提供账户服务的主体不同。支付账户由支付机构为客户开立,主要用于电子商务交易的收付款结算。银行账户由银行业金融机构为客户开立,账户资金除了用于支付结算外,还具有保值、增值等目的。

二是账户资金余额的性质和保障机制不同。支付账户余额的本质是预付价值,类似预付费卡中的余额,该余额资金虽然所有权归属客户,却未以客户本人名义存放在银行,而是支付机构以其自身名义存放在银行,并实际由支付机构支配与控制。同时,该余额仅代表支付机构的企业信用,法律保障机制上远低于《中华人民共和国中国人民银行法》、《中华人民共和国商业银行法》保障下的央行货币与商业银行货币,也不受《存款保险条例》保护。一旦支付机构出现经营风险或信用风险,将可能导致支付账户余额无法使用,不能回提为银行存款,使客户遭受财产损失。

因此,《非银行支付机构网络支付业务管理办法》规定,支付机构应当在客户清晰理解支付账户余额性质和相关风险的前提下,由客户本着"自愿开立、自担风险"的原则申请开立支付账户。

(五)《网络借贷信息中介机构业务活动管理暂行办法》

2016年8月,中国银监会、工业和信息化部、公安部、国家互联网信息办公室联合发布了《网络借贷信息中介机构业务活动管理暂行办法》。该办法界定了网络借贷的定义,明确了适用范围及网络借贷活动基本原则,重申了从业机构作为信息中介的法律地位。确立了网络借贷监管体制,明确了网络借贷监管各相关主体的责任，促进各方依法履职，加强沟通、协作，形成监管合力，增强监管效力。明确了网络借贷业务规则，坚持底线思维，加强事中事后行为监管，对业务管理和风险控制提出了具体要求。注重加强消费者权益保护，明确对出借人进行风险揭示及纠纷解决途径等要求以及出借人应当具备的条件。强化信息披露，发挥市场自律作用，创造透明、公开、公平的网络借贷经营环境等。

二、互联网金融监管分工

《关于促进互联网金融健康发展的指导意见》按照"依法监管、适度监管、分类监管、协同监管、创新监管"的原则，确立了各互联网金融业态监管职责分工，落实了监管责任。其中，互联网支付业务由中国人民银行负责监管。网络借贷业务、互联网信托业务和互联网消费金融业务由中国银监会负责监管。互联网基金销售业务、股权众筹融资业务由中国证监会负责监管。互联网保险由中国保监会负责监管。

此外，电信主管部门、工业和信息化部和国家互联网信息办公室也对互联网金融机构有监管职责。其中，任何组织和个人开设网站从事互联网金融业务，都需要依法向电信主管部门履行网站备案手续，否则不得开展互联网金融业务；工业和信息化部负责对互联网金融业务涉及的电信业务进行监管；国家互联网信息办公室负责对金融信息服务、互联网信息内容等业务进行监管。

表10–1　互联网金融监管分工

监管机构	互联网金融业态
中国人民银行	互联网支付
中国银监会	网络借贷
	互联网信托
	互联网消费金融
中国证监会	互联网基金销售
	股权众筹融资
中国保监会	互联网保险

三、互联网金融风险专项整治及长效机制建设有关工作

近年来,互联网金融发展迅速,但在发挥积极作用的同时,也集聚了风险隐患,干扰了市场秩序。一些互联网金融业态偏离了正确的创新方向,并产生了"劣币驱逐良币"的效应,使真正有价值的互联网金融创新受到挤压;一些机构采用不正当竞争手段,扰乱了正常的经济金融秩序;一些机构挪用或占用客户资金,甚至制造庞氏骗局,造成众多群众经济损失。

为促进互联网金融健康有序发展,2016 年,经国务院批准,人民银行、中央宣传部、中央维稳办、国家发改委、工业和信息化部、公安部、财政部、住房和城乡建设部、工商总局、国务院法制办、中国银监会、中国证监会、中国保监会、国家网信办、国家信访局、最高人民法院和最高人民检察院十七个部门联合开展了互联网金融风险专项整治。

专项整治坚持问题导向,集中力量对 P2P 网络借贷、股权众筹、互联网保险、第三方支付、通过互联网开展资产管理及跨界从事金融业务、互联网金融领域广告等风险隐患集中的重点领域进行整治,旨在规范各类互联网金融业态,优化市场竞争环境,扭转某些互联网企业偏离正确创新方向的局面,维护广大金融消费者的切身利益,保护投资者合法权益,遏制互联网金融风险案件高发、频发的势头,并通过总结治理经验,建立完善长效机制。

专项整治工作于 2016 年 4 月开始,计划至 2017 年 3 月底前完成。各相关部门在稳步开展专项整治工作的同时,还按照边整边改、标本兼治的思路,从推动互联网金融和传统金融公平竞争、完善"穿透式"监管、强化功能监管、理顺激励机制、发挥行业自律作用等方面,同步推动长效机制建设,从而实现规范与发展并举、创新与防范风险并重,促进我国互联网金融健康发展。

四、互联网金融自律管理

自律管理是互联网金融行业治理的关键环节,发挥着十分重要的作用。首先,行业自律本身是一种风险缓释机制,可以通过制定信息披露、信息安全、业务经营等方面的行业标准和规则,降低行业整体发生风险的概率。其次,通过发布自律公约、制定经营管理规则、设置会员入会和退出条件等市场化措

施，能够充分发挥引导示范效应，督促从业机构提升内控水平。此外，通过行业自律，能够充分反映会员机构合理诉求，促进监管部门与市场的双向沟通，为政府监管提供全面的数据统计和动态风险监测信息。持续开展风险教育和培训，提高社会整体的金融知识水平和风险识别水平。加快征信、数据统计等行业基础设施建设，完善机构之间的业务交流和信息共享机制，协调解决行业治理过程中的技术、规则、标准问题。

中国互联网金融协会是中国人民银行会同中国银监会、中国证监会、中国保监会等部委共同组建的全国性行业自律组织，于2016年3月25日在上海成立。中国互联网金融协会按照"服务监管、服务行业、服务社会"的定位，把"规范发展、防范风险"贯彻工作各个环节，旨在通过自律管理和会员服务，规范从业机构市场行为，保护行业合法权益，推动从业机构更好地服务社会经济发展，引导行业规范健康运行。

专栏10.4 中国互联网金融协会互联网金融行业健康发展倡议书

全体互联网金融从业机构和人员：

为全面贯彻党中央、国务院决策部署，遵循"鼓励创新、防范风险、趋利避害、健康发展"的总体要求，贯彻落实中国人民银行联合九部委下发的《关于促进互联网金融健康发展的指导意见》（银发〔2015〕221号）（以下简称《指导意见》），树立服务实体经济、服从宏观调控、维护金融稳定和公平竞争的正面形象，营造诚信规范发展的良好氛围，本协会向全体从业机构和人员发出倡议：

一、贯彻金融创新理念。促进金融创新发展，提升金融服务质量和效率，积极开发基于互联网技术的新产品和新服务，建立服务实体经济的多层次金融服务体系，更好地满足小微企业和个人投融资需求，拓展普惠金融的广度和深度，为我国经济社会繁荣健康发展作出贡献。

二、依法合规经营。认真落实《指导意见》，严格遵守监管规定，积极强化合规经营，完善合规管理，切实把依法合规理念和要求转化为自觉行为，推动互联网金融行业的良性发展。

三、加强风险管控。强化公司治理和风险的识别、度量与管理，严守互联网金融的风险底线，除另有规定外严格执行客户资金第三方存管制度，不从事非法自营业务，不非法集资，不违规建立资金池，不违规提供增信服务。

四、保护金融消费者权益。加强金融知识宣传和教育，不断提高金融消费者风险识别能力和自我保护水平；提高信息透明度，及时公布经营活动和财务状况信息；完善合格投资者制度，不将产品销售给与风险承受能力不相匹配的客户；完善网络支付安全策略；保证客户信息安全，防止信息灭失、毁损和泄露，不随意使用或扩散客户信息。

希望广大从业机构和从业人员秉承诚信规范、共赢发展的理念，共同推动互联网金融行业的健康持续发展。

第十一章 普惠金融

第一节 普惠金融：从理念到实践

无论是高收入者还是低收入者，都有平等获得基本金融服务的权利，这同人的生存权、发展权一样，是一项基本权利。然而，在世界上绝大多数国家，尤其是发展中国家，众多低收入者被排除在金融服务对象之外。根据世界银行（2012）估计，目前全球大约有 27 亿成年人得不到任何正规的金融服务。因此，很大一部分低收入人群及小微企业只能通过私人借贷、高利贷等非正规金融途径获得所需的金融服务。这意味着他们所获得的金融服务往往代价高昂，且其正当权益极易受到损害。

由于难以持续性地获得负担得起的金融服务和金融产品，贫困及低收入人群的生活决策受到不小的负面影响。比如，如何支付提升职业技能的培训费用？如何把现金从打工的大都市带回偏远山区的老家？如果家中的主要劳动力遭遇意外，该如何应对接下来的生活？怎样筹集到做生意的本钱？如果低收入人群能够被纳入金融服务范围，获得包括安全可靠的储蓄服务、专为低收入人群及小微企业设计的贷款、保险及支付服务等一系列金融服务及产品，这无疑能够帮助他们解决生产生活中面临的棘手问题，并进而帮助他们提高收入、获得资本、管理风险、走出贫困。能够以可负担的成本，可持续地提供上述类型金融服务的体系就是"普惠金融"体系。

一、普惠金融已上升为国家战略

普惠金融（Financial Inclusion）这个概念是由联合国在推广 2005 国际小额信贷年时提出的，当时被称为"包容性金融"。其基本含义是：一个能够有效地、全方位地为社会所有阶层和群体（尤其是贫困、低收入人口）提供服务的金融体系。

2013 年 11 月，在中共十八届三中全会通过的《中共中央关于全面深化改革若干重大问题的决定》中，正式提出"发展普惠金融"，这是普惠金融第一次正式写入党的决议。2015 年 10 月，中共十八届五中全会通过了《中共中央关于制定国民经济和社会发展第十三个五年规划的建议》，提出"发展普惠金融,着力加强对中小微企业、农村特别是贫困地区的金融服务"。

2015年3月,李克强总理在《政府工作报告》中强调"大力发展普惠金融,让所有市场主体都能分享金融服务的雨露甘霖";2016年3月,李克强总理在《政府工作报告》中提出"大力发展普惠金融和绿色金融"。

2015年12月31日,国务院印发《推进普惠金融发展规划(2016—2020年)》(国发〔2015〕74号),正式将发展普惠金融确立为国家战略规划。

> **专栏11.1 国务院印发《推进普惠金融发展规划(2016—2020年)》**
>
> 2015年12月31日,国务院印发了《推进普惠金融发展规划(2016—2020年)》(以下简称《规划》)。《规划》指出,普惠金融是指立足机会平等要求和商业可持续原则,以可负担的成本为有金融服务需求的社会各阶层和群体提供适当、有效的金融服务。小微企业、农民、城镇低收入人群、贫困人群和残疾人、老年人等特殊群体是当前我国普惠金融重点服务对象。
>
> 《规划》的总体目标是到2020年,建立与全面建成小康社会相适应的普惠金融服务和保障体系,有效提高金融服务可得性,明显增强人民群众对金融服务的获得感,显著提升金融服务满意度,满足人民群众日益增长的金融服务需求。因此,《规划》从健全多元化广覆盖的机构体系、创新金融产品和服务手段、加快推进金融基础设施建设、完善普惠金融法律法规体系等七个方面,部署了推进我国普惠金融发展的任务和措施。

以上这些党和国家重要文件的出台,标志着普惠金融在我国已由一种理念正式上升为一项国家战略。

二、普惠金融的内涵

《推进普惠金融发展规划(2016—2020年)》指出:普惠金融是指立足机会平等要求和商业可持续原则,以可负担的成本为有金融服务需求的社会各阶

层和群体提供适当、有效的金融服务。具体而言,普惠金融具有以下特征:

(一) 业务的全面性

普惠金融强调提供全面的金融服务,包括开户、储蓄、支付、贷款融资、投资、保险、汇兑等其他金融服务;提供专业的技术支持,快捷、准确、透明的信息服务,准确、安全的支付和清算服务。

(二) 服务的公平性

普惠金融强调金融服务的公平性,目的是使所有人都能以可承担的成本获得公平合理的金融服务,从而有效地参与到社会经济活动中。

(三) 参与的广泛性

普惠金融不仅仅是个别扶贫机构或小额信贷机构的工作,而且是需要所有金融机构广泛参与的事业。无论是传统金融机构,还是新型金融机构,都要在发挥各自优势的基础上,积极参与到各项工作中。

(四) 服务的便捷性

普惠金融突出服务的方便、快捷,能够根据重点服务对象的特点提供符合其需要的金融服务。

(五) 发展的可持续性

普惠金融强调以市场化的方式,通过合理配置资源,满足弱势群体的金融需求,实现长远的可持续发展,而不是片面帮助弱势群体的传统扶贫。

(六) 低收入群体的侧重性

发展普惠金融的目的是,要提升金融服务的覆盖率、可得性、满意度,满足人民群众日益增长的金融需求,特别是要让农民、小微企业、城镇低收入人群、贫困人群和残疾人、老年人等及时获取价格合理、便捷安全的金融服务。

(七) 消费者权益的保护

普惠金融的另一个内容是强调消费者保护。金融服务和产品种类繁多,有的还比较复杂。因此,普及金融知识、提高金融素养、加强消费者权益保护,就成为普惠金融的重要内容。

(八) 内涵的动态性

随着普惠金融概念的不断演进,普惠金融逐步凸显"大金融"、"宽内涵"、"多维度"等特征,除涵盖传统金融服务的各个方面外,还包括降低国际汇款成本，完善征信和支付体系，加强金融基础设施建设，推进数字金融，加强金融消费者保护和金融消费者教育，建立普惠金融指标体系和监测评估体系等内容，已逐渐形成一整套涉及金融基础设施建设、金融改革发展和结构调整等重大问题的发展战略和操作理念，视角越来越广泛。

三、普惠金融实践

实践中，各个国家和地区积极发展普惠金融，形成了各具特点的普惠金融运行模式和实践方式，不断丰富着全球普惠金融的经验库。

(一) 国际普惠金融实践

国际普惠金融实践形态丰富多样，各国纷纷结合本国实际情况，探索适合本国国情的普惠金融，比较有代表性的有巴西的代理银行业务、印度尼西亚的微型金融、肯尼亚的手机银行、墨西哥的政府推动模式、孟加拉国的乡村银行（格莱珉银行）、美国的社区银行等多种模式。其中，最具代表性的是孟加拉国的乡村银行和肯尼亚的手机银行。

表11－1　国际普惠金融实践的主要模式

代表国家	模式类型	主要特点
巴西	代理银行业务	允许代理银行在更大的范围、以更多的形式提供金融服务，巴西各大城市的零售商店、邮局、彩票销售点成为银行分支机构的补充
印度尼西亚	微型金融	拥有超过5万家的微型金融机构，包括商业银行、农村银行、合作社、基金会、信用社、国有开发银行以及国有典当行。各级政府都投资成立微型金融机构，还有正规金融机构的参与
肯尼亚	手机银行	拥有世界上最知名的手机转账和支付体系——M－PESA，授权通信运营商Safaricom试运行M－PESA。在农村地区，电子货币支付方案M－PESA允许使用者将货币保存在虚拟的"储值"账户里面，这一账户由电信运营商的服务器维持，由使用者通过移动电话操作

续表

代表国家	模式类型	主要特点
墨西哥	政府推动	2005年起，墨西哥政府大力推动普惠金融发展，将增强金融机构透明度、加强金融消费者保护、广泛提升金融知识水平作为缓解贫困的重要途径。要求进一步推进银行业法律体系改革，为民众提供多元化的金融服务。2007年，墨西哥中央银行与证券业委员将建立"健全的包容性银行体系"纳入职能范围，成立金融部专门负责提升金融服务的可获得性
孟加拉国	乡村银行	福利主义小额贷款，以带有救助和扶贫性质的小额贷款为主，主要向贫困农民，尤其是妇女提供综合金融服务，其支柱是以小组为基础的农民互助组织，其特色是"互助、互督、互保"
美国	社区银行	美国的社区银行主要以贫穷社区居民和中小企业为主要客户群体，按照市场化原则自主创立，在城乡一定的人群居住范围内运作，并为当地居民或中小企业提供方便且成本较低的金融服务

资料来源：根据公开资料整理。

孟加拉国的乡村银行是专门为低收入者、妇女提供贷款的金融机构。其主要特点为：瞄准最贫困的农户，并以贫困家庭中的妇女作为主要目标客户；提供小额短期贷款，按周期还款，整贷零还；无须抵押和担保人，以五人小组联保代替担保，相互监督，形成内部约束机制；按照贷款额的一定比例收取小组基金和强制储蓄作为风险基金；执行小组会议和中心会议制度，检查项目落实和资金使用情况，办理放款、还款、存款手续，同时还交流致富信息，传播科技知识，提高贷款人的经营和发展能力。

肯尼亚是非洲具有代表性的发展中国家，金融服务普及率很低，特别是在偏远贫困地区，大多数居民没有银行账户，而手机的普及率很高。随着经济的发展，人口流动的增加，肯尼亚国内区域间的个人汇款需求也逐步增加，但受制于金融服务状况，很多汇款是通过亲友和司机等人工递送完成的。这种方式既不安全也不及时，同时总体成本也较高。这种背景下，肯尼亚第一大手机运营商 Safaricom 于 2007 年 3 月推出了手机银行系统 M – PESA，该系统将金融应用集成到客户的手机 SIM 卡中，实现汇款转账、账户查询等金融服务。

(二) 中国普惠金融实践

早在改革开放之前，中国普惠金融就出现了农村信用社等形式的初级萌芽，但自 20 世纪 90 年代初才正式开启了其发展进程。参照国际经验、有关研究成果以及中国经济发展的特点，中国普惠金融实践历程迄今为止大致可以划分为公益性小额信贷、发展性微型金融、综合性普惠金融三个阶段，具体发展阶段详见表 11 – 2。发展普惠金融、向被传统金融体系忽视的群体提供必要的金融服务是建成小康社会的必要条件，经过多年的发展，中国普惠金融的发展成效显著，已取得了不少阶段性成果。据世界银行调查，总体来看，中国普惠金融发展在国际上处于中上水平，普惠金融状况明显优于发展中国家平均水平，部分领域如账户普及率等甚至优于中高收入国家平均水平，尤其是近年来普惠金融发展进程不断加快。

表 11 – 2　中国普惠金融的主要发展阶段

发展阶段	标志性事件	主要特征
公益性小额信贷 (20 世纪 90 年代)	1993 年，我国社科院农村发展研究所在河北易县建立了中国首家小额信贷机构——扶贫经济合作社，以改善贫困农户的经济状况和社会地位	小额信贷主要的资金来源是个人或国际机构的援助以及软贷款，致力于改善农村地区的贫困状况，体现了普惠金融的基本理念
发展性微型金融 (2000—2005 年)	中国人民银行提出采取"一次核定、随用随贷、余额控制、周转使用"的管理办理，开展基本农户信誉，无须抵押或担保的贷款，并建立农户贷款档案，农户小额信贷得以全面开展	随着该时期再就业和创业过程产生的大量资金需求，正规的金融机构开始全面介入小额信贷业务，形成了较有规模的微型金融体系，为促进就业和改善居民生活作出了贡献
综合性普惠金融 (2006 年至今)	2005 年，中央"一号文件"明确提出"有条件的地方，可以探索建立更加贴近农民和农村需要、由自然人或企业发起的小额信贷组织"	小额信贷组织和村镇银行迅速兴起；银行金融服务体系逐步将小微企业纳入服务范围；普惠金融服务体系提供包括支付、汇款、借贷、典当等综合金融服务，并有网络化、移动化发展趋势

资料来源：2015 年人民银行工作论文《中国普惠金融发展进程及实证研究》。

表 11-3 中国部分普惠金融指标表现

指标名称（2013 年）	中国数据	中国排名	有数据的国家和地区总数	世界排名第一的国家或地区	第一名的数据
在正规金融机构储蓄的成年人比例	41%	26	143	挪威	78%
消费者保护披露指数	5 分	1	99	中国等 22 国并列	5 分
金融消费纠纷解决机制成熟指数	1 分	1	92	中国等 76 国并列	1 分
可以使用手机或家庭宽带上网的成年人比例	98%	14	143	沙特等 5 国并列	100%
每千成年人在商业银行借款人数	293.9	25	92	新加坡	1 149.1
使用网上支付的成年人比例	19%	43	136	挪威	79%
使用手机支付的成年人比例	14%	34	134	肯尼亚	55%
每平方公里 ATM 数	55.8	37	167	中国澳门	38 607.2

数据来源：根据 WBG 和 IMF 数据库整理。

四、普惠金融与人们生活密切相关

正如中国人民银行行长周小川在全国政协十二届四次会议分组讨论时所说，普惠金融是"从金融角度提升社会福利、增强社会保障、扶贫和保护弱势群体，向普罗大众提供更好、更便捷、更安全的金融服务"。普惠金融的目标是将金融普遍惠及所有群体，特别强调为贫困地区、少数民族地区、偏远地区以及残疾人和其他弱势群体提供金融服务。因此，普惠金融至少在以下方面，为人们的生产生活提供了便利或保障。

（一）普惠金融使支付更便捷

由于交通、成本、商业可持续等问题，以前很多金融机构不愿意在农村和偏远地区设立金融网点，使偏远地区群众的生产生活极为不便。现在，通过在村里的小卖部或基层行政单位设立助农取款点、布设 POS 机等自助机具，村民们可以方便地查询、存款、取款、汇款、缴费，满足其一部分金融服务需求。近年来，随着数字技术的发展，很多账户都与手机相连，将来电子支付、移动支付方式的普及，也能够为偏远地区群众提供更大帮助。

（二）普惠金融使小微贷款更容易

对于金融机构，每笔贷款的发放成本相近，而大企业的融资金额大，能给银行等金融机构带来更多的效益,所以金融机构往往更重视为大企业提供金融服务而忽视了小微企业。但普惠金融强调要更多地向薄弱领域倾斜,号召金融企业分配一定的精力和资源专门来支持就业、创业和小微企业等薄弱领域。

(三) 普惠金融使生产生活更有保障

购买保险,包括养老、健康、医疗等在内的各种保险能够为人们生活提供重要的保障。生产过程中的保险对于农业生产至关重要,包括气候、灾害以及病虫害等风险,都需要通过保险来管理。此外,农业生产经营还可以通过参与农产品期货市场的方式来锁定价格,规避风险。

(四) 普惠金融使金融消费权益得到保护

金融业务、产品众多,有的还比较复杂,一方面,金融消费者要清楚地知道自己的权益,比如知情权、公平交易权、依法求偿权等基本权利;另一方面,涉及金融业务的纠纷案件也较多,在发展普惠金融的过程中,应通过加强金融消费权益保护,加强金融知识普及和金融消费者教育,使金融消费者的权益受到有效保护。

第二节 传统金融机构与普惠金融

一、传统金融机构与普惠金融

在长期发展过程中,各传统金融机构逐步形成了自己的业务模式,银行类金融机构作为具备存款、贷款和结算三大传统业务的传统金融机构,在推动普惠金融发展方面发挥了极其重要的作用。

1. 银行类金融机构推动普惠金融发展

在发展普惠金融方面,国家开发银行主要有生源地助学贷款、高校助学贷款、中小企业贷款等业务。近年来,大型国有商业银行业务领域不断拓展,为"三农"、小微企业提供了大量信贷资金,逐步成为发展普惠金融的中坚力量。股份制商业银行积极响应国家政策要求,坚持"服务中小企业、服务社区"的市场定位,初步开拓了一条践行普惠金融理念的可持续发展道路。例如,招商银行自2004年起将经营战略重心调整为零售业务、中间业务和中小企业业务，在国内同业中率先进行二次战略转型。城市商业银行不断延伸网点、下沉服务，主动"接地气"，服务薄弱领域和弱势群体，普惠金融服务能力得到显著提升。例如，徽商银行在农村金融方面着力进行探索，于2014年启动农村普惠金融发展战略，在农村设立普惠金融网点、减免"三农"各类手续费等方面，积极探索"惠农"金融的可持续发展体系，把农村金融作为未来重要的增长点，以打通"三农"、小微企业金融服务的"最后一公里"。农村信用社坚持立足县域，服务"三农"、服务社区、服务中小微企业的市场定位，秉承"根在农村、命在农业、情系农民"的经营理念，深耕"三农"沃土，大力发展普惠金融。邮储银行始终把发展普惠金融放在改革发展的首要位置，致力于强化金融服务"三农"、促进小微企业发展、提升社区金融服务、推进绿色金融发展、支持保障房建设，走出了一条服务社区、服务中小企业、服务"三农"的特色发展之路。

2. 证券类金融机构推动普惠金融发展

在发展普惠金融方面，证券公司作为主办券商可以帮助中小企业利用全国中小企业股份转让系统或发行中小企业债券进行融资，帮助小微企业通过发行增信集合债券融资，以及通过并购投资基金、私募股权投资基金、创业投资基金等渠道，支持符合条件的涉农企业与中小企业通过资本市场融资。期货公司可以通过拓展农产品期货及期权市场服务范围，支持农产品期货市场发展，丰富农产品期货品种，完善期货交易机制，为涉农企业或农户规避农产品价格波动风险提供有效手段。

3. 保险类金融机构推动普惠金融发展

近年来，保险公司大力发展普惠金融，保持县域内农业保险经营主体的相对稳定，持续加大对农村保险服务网点的资金、人力和技术投入，扩大农业保险覆盖面；发展农作物保险、主要畜产品保险、重要"菜篮子"品种保险和森林保险，推广农房、农机具、设施农业、渔业、种植保险等农业保险业务，积极开发适合低收入人群、残疾人等特殊群体的小额人身保险及相关产品。

二、传统金融机构在推动普惠金融发展中成效显著

近年来，传统金融机构充分发挥覆盖城乡的网络优势、规模庞大的资金优

势、扎根基层的队伍优势，在发展普惠金融中起着主导作用，肩负着普惠金融发展使命，在推动普惠金融发展上取得了突出的工作成效。

（一）金融服务覆盖面不断扩大

截至2015年末，全国银行业金融机构网点总数达22.4万个，自助设备总数达到82.88万台。县域银行业物理网点12.17万个，县均银行网点55.12个，乡均银行网点3.75个，村均银行网点0.22个，金融服务已基本实现行政村全覆盖；证券机构服务网点基本覆盖地级市；县区保险分支机构增至6.7万家，农村保险服务网点增至2.2万个，已覆盖全部县域和大部分乡镇。

（二）金融改革创新力度不断加大

各银行业金融机构立足贫困地区资源禀赋、产业特色，积极支持能吸收贫困人口就业、带动贫困人口增收的绿色生态种养业、经济林产业、林下经济、森林草原旅游、休闲农业、传统手工业、乡村旅游、农村电商等特色产业发展。有效对接特色农业基地、现代农业示范区、农业产业园区的金融需求，积极开展金融产品和服务方式创新，稳妥推进试点地区农村承包土地的经营权、农民住房财产权、林权等农村产权融资业务，不断拓宽抵（质）押物范围，努力增加涉农信贷投入；证券公司降低一般投资者参与资本市场的门槛，取消基金产品通道管制，推进期货公司、保险机构参与基金销售，鼓励中小企业通过多种债务融资工具融资；保险机构将服务对象扩展到农村人口，开发特色农产品保险，全面推广农村小额人身保险。

（三）弱势群体金融服务满足程度不断提高

截至2015年末，"三农"、小微企业贷款稳步上升。一是涉农贷款余额26.4万亿元，占各项贷款的28.1%，同比增长11.7%，涉农新增贷款在全年新增贷款中占比为32.9%，新增贷款中超过1/3的款项投向了"三农"发展；二是金融机构小微企业贷款余额23.46万亿元，占企业贷款的23.9%，户数1 322.6万户，较上年同期多178万户。

（四）支付体系日益完善

2015年4月世界银行发布的《2014全球普惠金融调查报告》显示，我国支付体系日益完善。一是账户普及率显著提高。我国账户普及率在2011年至2014年有显著增长，由64%上升至79%，上升了15个百分点，高于中高收入国家平均水平6.7个百分点，高于发展中国家平均水平23个百分点。二是农村地区账户普及率的上升程度高于城镇地区。拥有账户的成年人增加了1.8亿人，在最贫穷的40%成年人中账户普及率上升了26个百分点，而在最富裕的60%成年人中仅上升了8个百分点。三是农村支付服务渠道显著改善。助农取款服务点基本实现行政村全覆盖，业务发展迅速。截至2015年末，农村地区拥有助农取款服务点99.75万个，村级行政区覆盖率超过90%，村均拥有量为1.8个。

（五）信用体系建设不断发展

建立健全农村信用体系和中小企业信用体系，实现了小微企业、农户信用信息的共享，提高了农村经济主体和小微企业融资的可获得性和便利性。截至2014年底，建立了100多个信用信息系统或服务平台，全国共为约250万户小微企业和1.6亿农户建立了信用档案，评定了1亿多信用农户，累计有40.5万户小微企业获得银行贷款，贷款余额8.9万亿元。共计9012万农户获得信贷支持，贷款余额2.2万亿元。

三、传统金融机构积极探索普惠金融新思路

近年来，传统机构积极创新，努力探索普惠金融的新思路。一方面，金融机构创新业务模式，大力发展包括社区支行、小微支行在内的多种特色支行，更有针对性地为广大人民提供优质的金融服务。另一方面，传统金融机构运用数字技术大力发展数字普惠金融，使其提供的金融服务更便捷、安全、有效。

（一）特色支行因地制宜，惠及更多人民

各地积极探索社区支行、小微支行等特色支行的运行模式，加大服务网点向基层、商圈和社区的延伸深度和覆盖面，使更多群众享受到优质、便捷的金融服务。

特色支行是指主要围绕某一产业或群体，为其提供具有产业特色、群体特色的专业化、专营化、专属化一站式综合金融服务的机构。在机构设置上，特色支行注重网点下沉，选址一般避开城市中心等金融服务高度集中的地区，积极向县域和乡镇延伸。特色支行与其他支行的管理模式基本一致，部分金融机构对特色支行在优惠政策、产品研发、人才建设、审批权限等方面给予了不同

程度的倾斜。

在服务上，特色支行更强调精准性。与其他金融机构相比，其最大的优势就是人熟、地熟、市场熟，因此，它们更能准确掌握当地企业、客户最需要的是什么样的服务。例如，多数社区支行实行了"错时"、"延时"服务，营业时间为早上10点到晚上8点，部分支行的营业时间还根据社区居民生活习惯、季节变化等进行灵活调整。

在产品上，特色支行更具有专属性。特色支行发挥贴近目标客户群体、了解客户群体需求的优势，提供了一系列个性化金融产品。例如，针对社区居民发放专属银行卡，提供集成社区门禁、周边商户优惠、优先购买理财等增值服务。特色支行还针对不同规模、不同行业、不同发展阶段的小微企业提供特色化、个性化的信贷产品，同时，再配以小微企业需要的其他综合类服务，为其量身定制专属金融服务方案，例如，针对产业链中为核心企业提供配套服务的小企业，推出了"订单贷"和"国内发票融资"等产品。

目前，特色支行建设已初具规模，经营成效已初步显现。截至2014年末，中小商业银行共在中西部地区设立特色支行1 645家，占总设立数量的49.64%，其中，在西部地区共设立特色支行845家，包括社区支行699家，小微支行146家。截至2015年9月末，12家全国性股份制商业银行共开设社区支行3 423个、小微支行（或专营机构）542个。

（二）传统金融与数字技术有效结合，提升服务水平

传统金融机构纷纷利用数字技术，不断提高自身服务普惠金融目标群体的能力。

线上零售业务普惠各阶层群体。目前，各传统金融机构借助互联网等现代信息科技，加强了对网上银行、手机银行、PAD银行的开发和推广，完善电子支付手段，降低金融交易成本，延伸服务半径，拓展普惠金融服务的广度和深度，不断缩小不同社会群体的兼容服务差距，提升普惠金融水平。

线上供应链金融助力小微企业发展。目前，各家银行纷纷开展供应链由线下向线上迁移，为企业及其上下游客户提供全渠道电子商务服务，包括多渠道支付手段、财务管理、销售管理、订单处理、物流信息采集与结算、客户统计

分析等。

利用大数据完善信用评审机制。由于许多企业和个人的金融交易要通过银行，银行掌握了大量的交易数据。传统银行积极探索利用数字技术对这些数据进行挖掘和分析，建立针对小额贷款客户的评分卡评价模型，围绕小微企业履约能力、信用状况及交易信息等数据信息，对客户进行信用评价，并建立评分卡续贷业务流程。在原贷款到期前，由系统根据评分卡模型指标自动筛选客户进入续贷名单，审批通过后客户可续贷使用额度而不必先还后贷。

专栏11.2 国家开发银行"微贷款项目"助力小微企业发展

国家开发银行在国内率先开展微贷款业务实践，探索该业务的商业可持续发展道路。2005年12月，国家开发银行联合世界银行、德国复兴信贷银行等国际机构，启动了"中国商业可持续微小企业融资项目"（简称"微贷款项目"），采取"批发银行＋零售机构"和"资金＋技术＋专家＋IT"的模式，面向小型、微型企业、个体工商户、农户等社会弱势群体开展小微贷款业务，探索以批发方式支持小额贷款机构为小企业和农户提供贷款。截至2010年末，累计发放贷款746亿元，惠及71万户农村中小企业和经营户。与全国2 000多个市、县政府建立了合作关系，与1 431家投融资公司、担保公司、小额贷款公司、中小商业银行等机构签订了合作协议并实现业务运行。以"资金＋技术＋IT"的模式支持了274家小额贷款公司，累计培训1 900多名小额贷款公司业务人员。

第三节 金融新业态与普惠金融

一、什么是新型金融机构

新型金融机构是为解决农村地区银行业金融机构网点覆盖率低、金融供给不足、竞争不充分等问题，中国银监会按照商业可持续原则，适度调整和放宽农村地区银行业金融机构的准入政策而设立的小型或微型金融机构，主要包括村镇银行、小额贷款公司和农村资金互助社等几种类型。

（一）村镇银行

农村地区因金融机构网点覆盖率低等原因，不能享受到有效的金融服务，而村镇银行立足于"三农"和小微企业，以打造支农支小的专营银行，服务理念先进的精品银行为宗旨，有效地填补了农村地区金融服务的空白，增加了农村地区的金融支持力度。例如，在上海村镇银行打造"三农"服务的专业团队，并通过建立"村镇联络员"金融服务模式，让"三农"团队与每一个区农联会、每一个镇和行政村、每一个农民专业合作社实现直接对接。村镇银行服务的针对性和专业化，使"三农"金融服务更有保障。

（二）小额贷款公司

小额贷款公司是由自然人、企业法人与其他社会组织投资设立，不吸收公众存款，经营小额贷款业务的有限责任公司或股份有限公司。

小额贷款公司只贷不存，不得进行任何形式的内外部集资和吸收公众存款，必须坚持面向"三农"和小微企业，按照"小额分散"的原则发放贷款。部分小额贷款公司专注于服务农村地区和小微企业，贴近市场需求，在贷款期限、还款方式、抵押担保等方面能够提供有针对性的、差异化的融资服务，有助于提高贷款的可得性和便利性，缓解农户和小微企业融资贵、融资难问题。

（三）农村资金互助社

农村资金互助社是指经银行业监督管理机构批准，由乡（镇）、行政村农民、农村小企业、农民专业合作社社员自愿入股组成，为农村资金互助社社员提供存款、贷款、结算等业务的合作制的社区互助性银行业金融机构。

农民可以将手中的结余资金投入农村资金互助社，成为股东，获得相应盈利，充分发挥广大农民手中闲散资金的作用。当农民需要贷款时，也可较为便捷地从资金互助社获得所需贷款。资金互助社还可帮助农民提高获取金融知识、国家政策的积极性，提高其金融知识水平。

二、金融新业态与普惠金融

近年来，互联网技术、信息通信技术不断取得突破，推动互联网与金融快速融合，促进了金融创新，最终导致互联网金融这种金融新业态出现。互联网金融是传统金融机构与互联网企业利用互联网技术和信息通信技术实现资金融通、支付、投诉和信息中介服务的新型金融业务模式。它包括互联网支付、网络借贷、股权众筹融资、互联网基金销售、互联网保险、互联网信托和互联网消费金融等金融平台类型。互联网金融的市场定位主要在"小微"层面，具有"海量交易笔数，小微单笔金额"的特征，这种小额、快捷、便利的特征，具备普惠金融的某些特点，在一定程度上具有促进包容性增长的功能。

金融新业态在促进普惠金融发展中发挥着积极的补充作用，这主要体现在：

第一，使消费者能以较低的成本便捷地获得金融服务，提高金融服务的覆盖率和可得性。数字技术降低了金融服务提供的成本，突破了传统金融服务在时间、空间上的限制。金融新业态能将传统金融业无法提供服务，或在提供服务时成本难以覆盖收益的群体纳入服务范围，使其借助互联网、手机等终端可以足不出户、随时随地、便捷地享受金融服务。

第二，促进金融业竞争，促使传统金融业更加关注农民、小微企业等群体的金融需求。金融新业态的出现驱使传统金融机构开发出更多能满足农民、小微企业需求的产品，有助于提高金融产品和服务的多样性和满意度。

第三，金融新业态能提供创新的金融产品和服务，提高消费者满意度。金融新业态注重客户需求和客户体验，利用数字新技术进行产品和服务创新、流程优化和风险管理，例如，金融服务提供者可利用大数据分析客户信用状况并迅速发放网络小额信用贷款，有利于更好地满足居民投资和贷款需求。

此外，金融新业态的快速发展也促进了信息的交流和传播，这有助于消费者扩大金融服务和产品的选择范围，并在一定程度上有助于金融市场透明度的提高。

金融新业态的风险也不容忽视。金融新业态本质上仍属于金融，没有改变金融风险隐蔽性、传染性、广泛性和突发性的特点，且金融风险蔓延速度更快、波及面更广。金融消费者应该积极参与监管部门开展的金融知识普及活动，主动学习金融知识，提高风险防范能力和判断能力，不要追求不切实际的过高收益，自觉远离非法集资行为。

第四节　推动普惠金融发展环境进一步优化

目前，我国普惠金融发展仍存在一些薄弱环节和制约因素，有必要从推进金融基础设施建设、加强金融知识教育与金融消费者权益保护三个方面进一步优化普惠金融发展环境，使广大人民群众共享金融改革发展成果。

一、推进金融基础设施建设

金融基础设施是提高金融机构运行效率和服务质量的重要支柱和平台，有助于改善普惠金融发展环境，促进金融资源均衡分布，引导各类金融服务主体开展普惠金融服务。

（一）推进农村支付环境建设

一是鼓励银行机构和非银行支付机构面向农村地区提供安全、可靠的网上支付、手机支付等服务，拓展银行卡助农取款服务的广度和深度；二是支持有关银行机构在乡村布放 POS 机、自动柜员机等各类机具，进一步向乡村延伸银行卡受理网络；三是支持农村金融服务机构和网点采取灵活、便捷的方式接入人民银行支付系统或其他专业化支付清算系统；四是鼓励商业银行代理农村地区金融服务机构支付结算业务；五是支持农村支付服务市场主体多元化发展；六是鼓励各地人民政府和国务院有关部门通过财政补贴、降低电信资费等方式扶持偏远、特困地区的支付服务网络建设。

（二）完善信用信息体系建设

一是加快建立多层级的小微企业和农民信用档案平台，实现企业主个人、农户家庭等多维度信用数据可应用；二是扩充金融信用信息基础数据库接入机构，降低普惠金融服务对象征信成本；三是积极培育从事小微企业和农民征信业务的征信机构，构建多元化信用信息收集渠道；四是依法采集户籍所在地、违法犯罪记录、工商登记、税收登记、出入境、扶贫人口、农业土地、居住状况等政务信息，采集对象覆盖全部农民、城镇低收入人群及小微企业，通过全国统一的信用信息共享交换平台及地方各级信用信息共享平台，推动政务信息与金融信息互联互通。

(三) 建立普惠金融统计体系

一是参照 G20 普惠金融指标体系，研究建设包括普惠金融使用情况、可得性、服务质量等维度的中国普惠金融指标体系，用于监测、评估和分析各地区普惠金融发展状况；二是整合多部门数据和力量，全面掌握普惠金融服务基础数据和信息；三是建立评估考核体系，形成普惠金融发展动态评估机制；四是从区域和机构两个维度，对普惠金融发展情况进行评价，督促各地区、各金融机构根据评价情况改进普惠金融服务工作。

二、加强金融知识普及教育

金融消费者所消费的金融产品与服务多为无形产品，与一般有形商品相比，消费者面临更大的风险与不确定性。特别是在当前金融创新加速的背景下，虽然金融消费者拥有更多的消费选择，但是面对复杂的产品介绍与计算方式，金融消费者尤其是农村金融消费者还是会感到无所适从。因此，加强金融教育与金融知识普及宣传，提高金融消费者的自我保护能力，就显得尤为重要。

(一) 金融教育的必要性和重要性

金融消费者教育作为一种预防性保护，是金融消费权益保护框架的重要组成部分。

金融教育是提高消费者金融能力的有效途径。由于地区发展不均衡，农村消费者等弱势群体对金融产品和概念缺乏足够的认识和理解。另外，随着经济的发展，金融产品和服务日益多样化，而对应的风险也在逐步增加。做好金融消费教育，有利于金融消费者学习和掌握金融基础知识，强化金融技能，提升金融知识水平。

(二) 金融教育的获取渠道

1. 参加金融知识普及宣传活动

"3·15 金融消费者权益日"是各消费权益保护部门进行维权宣传的日子，每年9月人民银行的"金融知识普及月"和银监会的"金融知识进万家"活动，以集中宣传方式向社会公众传递基本金融知识，联合地方政府、行业协会、高等院校等，开展各有侧重的金融宣传，消费者可积极参与此类活动，获得金融知识。

2. 通过多种平台学习金融知识

人民银行将更新的《金融知识普及读本》电子版本上传到人民银行官方网站，供消费者自行下载学习；银监会推出的"金融掌中宝"手机应用，是一款便捷的金融知识学习工具，消费者可通过该应用及时了解最新的金融知识；证监会开展全国投资者教育基地建设工作，已启动首批国家级投资者教育基地申报，目前已完成首批13家投资者教育基地评审授牌工作，消费者可自行前往这些投资者教育基地参观学习；保监会通过官方网站、普及读物、报纸专栏、微博微信和现场活动，搭建起"五位一体"的保险知识宣传平台，消费者可利用此平台培养科学理性的保险消费观念。

三、加强金融消费者权益保护

随着金融业快速发展，金融产品的复杂性不断增强。金融消费者在资金实力、专业知识以及对风险的辨识上均处于弱势地位，金融机构与金融消费者的信息不对称情况不断加剧，金融消费权益保护问题日益突出。因此，金融消费权益保护成为普惠金融的核心内容之一，加强金融消费权益保护能够让更多的消费者享受现代金融服务所带来的便利和好处。

（一）金融消费权益保护的基本内容

1. 什么是金融消费者

金融消费者是指在中华人民共和国境内购买、使用金融机构销售的金融产品或接受金融机构提供的金融服务的自然人。

2. 金融消费者享有的权利

2015年11月13日，国务院办公厅发布了《关于加强金融消费者权益保护工作的指导意见》（国办发〔2015〕81号），首次从国家层面对金融消费权益保护进行具体规定，明确了金融消费者享有财产安全权[①]、知情权[②]、自主

[①] 财产安全权是指金融消费者在购买金融产品和接受金融服务时，享有要求金融机构保障其财产安全不受损害的权利。

[②] 知情权是指金融消费者在购买金融产品和接受金融服务时，知悉、获取信息的自由与权利。

选择权①、公平交易权②、依法求偿权③、受教育权④、受尊重权⑤以及信息安全权⑥八项权利。

3. 金融消费者权益保护的依据

(1)《中华人民共和国消费者权益保护法》。《中华人民共和国消费者权益保护法》是专门保护消费者权益的基本法律，但是它并没有金融消费者保护、金融服务质量方面的规定，只适用于一般消费者，难以解决专业性比较强的金融消费者保护问题。

(2)《国务院办公厅关于加强金融消费者权益保护工作的指导意见》（国办发〔2015〕81号），该意见明确了"一行三会"的监管职责以及金融消费者的八项权利。

(3) 九项金融服务国家标准。该系列标准是中国人民银行联合国家质检总局和国家标准委于2016年1月5日发布的《银行营业网点服务基本要求》《银行营业网点服务评价准则》《银行业产品说明书描述规范》《银行业客户服务中心基本要求》《银行业客户服务中心服务评价指标规范》《商业银行客户服务中心服务外包管理规范》《商业银行个人理财服务规范》《商业银行个人理财客户风险承受能力测评规范》和《金融租赁服务流程规范》9项金融服务国家标准，于2016年6月1日起实施，是金融行业规范相关金融服务、保护金融消费者权益方面的国家标准。

(4) 各金融监管部门出台的涉及金融消费权益保护的部门规章与规范性文件。

4. 金融消费者与金融机构的纠纷解决途径

若金融消费者与金融机构产生纠纷，存在以下纠纷解决渠道：（1）与该金

---

① 自主选择权是指金融消费者根据自己的需求，自主选择自己满意的金融产品或金融服务，决定是否购买或接受的权利。
② 公平交易权是指金融消费者在购买金融产品和接受金融服务时所享有的与金融机构进行公平交易的权利。
③ 依法求偿权是指金融消费者在购买金融产品和接受金融服务时受到人身、财产损害的，享有依法获得赔偿的权利。
④ 受教育权是指金融消费者享有获得有关消费和消费者权益保护方面的知识权利。
⑤ 受尊重权是指金融消费者在购买、使用和接受服务时，享有人格尊严、民族风俗习惯受到尊重的权利。
⑥ 信息安全权是指金融消费者在购买产品或接受服务时，其个人信息受到保护的权利。

融机构协商解决;(2)向该金融机构或其上级机构投诉;(3)请求依法设立的第三方机构调解;(4)向该金融机构所在地的金融消费者权益保护机构投诉;(5)根据与该金融机构达成的仲裁协议提请仲裁;(6)向人民法院提起诉讼。

(二)"一行三会"对金融消费者的保护

近年来,中国金融监管部门先后成立了四个内设的金融消费者保护部门。其中,人民银行金融消费权益保护局负责人民银行职责范围内的消费者权益保护工作,综合研究中国金融消费者保护的重大问题,协调处理交叉性金融产品的消费者保护工作等;银监会银行业消费者权益保护局、证监会投资者保护局、保监会保险消费者权益保护局分别负责银行业、证券业、保险业的消费者(投资者)保护工作。

表11-4 "一行三会"金融消费者权益保护工作一览表

	中国人民银行	中国银行业监督管理委员会	中国证券监督管理委员会	中国保险监督管理委员会
保护机构	中国人民银行金融消费权益保护局	中国银行业监督管理委员会银行业消费者权益保护局	中国证券监督管理委员会投资者保护局	中国保险监督管理委员会保险消费者权益保护局
保护热线	12363	010-66277510(银监会信访受理电话,各地银监局有各自的投诉电话)	12386	12378
保护依据	《中华人民共和国消费者权益保护法》、《中华人民共和国中国人民银行法》、《中华人民共和国商业银行法》、《中国人民银行金融消费权益保护工作管理办法(试行)》(银办发〔2013〕107号)以及各地出台的相应实施细则	《中华人民共和国消费者权益保护法》、《中华人民共和国银行业监督管理法》、《中华人民共和国商业银行法》、《银行业消费者权益保护工作规划纲要(2012—2015)》(银监发〔2012〕62号)、《银行业消费者权益保护工作指引》(银监发〔2013〕38号)	《中华人民共和国证券法》、《关于加强证券期货投资者教育基地建设的指导意见》(证监发〔2015〕23号)及配套《首批投资者教育基地申报工作指引》	《中华人民共和国保险法》、《保险消费投诉处理管理办法》

续表

	中国人民银行	中国银行业监督管理委员会	中国证券监督管理委员会	中国保险监督管理委员会
保护范围	中国人民银行法定职责范围内的金融消费者投诉；涉及跨行业、跨行业类交叉性金融产品和服务的金融消费者投诉	银行业消费者投诉	证监会法定职责范围内的金融消费者投诉	保监会法定职责范围内的金融消费者投诉

资料来源：根据公开资料整理。

（三）金融机构应履行的义务

金融机构是金融消费者的保护主体，是加强金融消费者保护的第一责任人。金融机构作为经营者，应依法合规经营，平衡好机构利益、消费者利益和社会利益的关系，构筑金融消费者保护的第二道防线。

首先，金融机构应确保其宣传和销售资料及其流程没有误导消费者，所有宣传和销售资料应简单易懂，减少金融消费者由于金融消费专业知识不足犯错误的可能性。

其次，对于长期金融产品或服务，在金融机构与消费者签约后，金融机构应设置一定时期的"冷静期"，允许金融消费者在"冷静期"内可以无成本或以非常低的成本撤销合同。

再次，金融机构在销售金融产品或服务时，要充分考虑金融消费者的偿还能力。金融机构应向消费者提供最适合并买得起的金融产品或服务，避免消费者过度负债，帮助消费者对其融资需求作出正确的决策。

最后，金融机构应担负起受理、处理金融消费纠纷的主体责任，不断完善工作机制，改进服务质量。

第十二章 金融体系

第十二章 金融体系

金融体系是一个经济体中资金流动的基本框架。我国现代金融体系主要包括金融调控与金融监管体系、金融组织体系和金融市场体系。本章将简单向您介绍一下我国的金融体系框架（见表12-1）。

表12-1 金融体系分类

机构分类	机构名称	机构职能
货币当局	中国人民银行	中国人民银行为国务院组成部门，是中华人民共和国的中央银行，是在国务院领导下制定和执行货币政策、维护金融稳定、提供金融服务的宏观调控部门
监管当局	中国银行业监督管理委员会	中国银行业监督管理委员会（简称银监会）为国务院直属正部级事业单位。根据国务院授权，统一监督管理银行、金融资产管理公司、信托投资公司及其他存款类金融机构，维护银行业的合法、稳健运行
监管当局	中国证券监督管理委员会	中国证券监督管理委员会（简称证监会）为国务院直属正部级事业单位，依照法律、法规和国务院授权，统一监督管理全国证券期货市场，维护证券期货市场秩序，保障其合法运行
监管当局	中国保险监督管理委员会	中国保险监督管理委员会（简称保监会）为国务院直属事业单位。根据国务院授权履行行政管理职能，依照法律、法规统一监督管理全国保险市场，维护保险业的合法、稳健运行
银行类金融机构	政策性银行与国家开发银行	2014年12月、2015年3月，中国农业发展银行、国家开发银行和中国进出口银行改革方案分别获国家批准。国家开发银行定位于开发性金融机构，中国进出口银行和中国农业发展银行定位于政策性银行
银行类金融机构	大型商业银行	大型商业银行包括中国工商银行、中国农业银行、中国银行、中国建设银行及交通银行。大型商业银行是我国银行体系的主体，以获取利润为经营目标，以经营存贷款、办理转账结算为主要业务，以多种金融资产和金融负债为经营对象，具有综合性服务功能，对我国经济金融的发展起着重要作用

续表

机构分类	机构名称	机构职能
银行类金融机构	股份制商业银行	股份制商业银行是指大型商业银行以外的全国性股份制商业银行、区域性股份制商业银行的总称。中信银行、招商银行等属于全国性股份制商业银行
	城市商业银行	城市商业银行是中国银行业的重要组成和特殊群体，其前身是20世纪80年代设立的城市信用社，当时的业务定位是：为中小企业提供金融支持，为地方经济搭桥铺路。从20世纪90年代中期，以城市信用社为基础，各地纷纷组建城市商业银行
	农村金融机构	农村金融机构主要包括农村信用社、农村商业银行、农村合作银行、村镇银行、农村资金互助社和贷款公司，主要从事农村地区的银行金融服务业务
	中国邮政储蓄银行	中国邮政储蓄银行是在邮政储蓄的基础上组建的。中国邮政储蓄银行主要依托和发挥网络优势，以零售业务和中间业务为主，为城市社区和广大农村地区居民提供基础金融服务
	外资商业银行	外资银行指依照有关法律、法规，经批准在中华人民共和国境内设立的外商独资银行、中外合资银行、外国银行分行、外国银行代表处
	财务公司	以加强企业集团资金集中管理和提高企业集团资金使用效率为目的，为企业集团成员单位提供财务管理服务的金融机构
证券类金融机构	证券交易所	证券交易所是为证券集中交易提供场所和设施，组织和监督证券交易，实行自律管理的法人，目前包括上海证券交易所、深圳证券交易所和全国中小企业股份转让系统（"新三板"）
	商品期货交易所	商品期货交易所是大宗商品进行期货交易的场所。目前我国商品期货交易所主要有大连商品交易所、上海期货交易所、郑州商品交易所
	证券公司	证券公司指经批准而成立的专门经营证券业务，具有独立法人地位的有限责任公司或者股份有限公司，可以承销发行、自营买卖或自营兼代理买卖证券。普通投资人的证券投资都要通过公司来进行

续表

机构分类	机构名称	机构职能
证券类金融机构	证券服务机构	证券服务机构是从事证券投资咨询、证券资信评估服务、证券集中保管等证券服务业务的法人机构
	期货公司	期货公司是指依法设立的、接受客户委托、按照客户的指令、以自己的名义为客户进行期货交易并收取交易手续费的中介组织,其交易结果由客户承担。期货公司是交易者与期货交易所之间的桥梁
	基金管理公司	基金管理公司是指依据有关法律法规设立的对基金的募集、基金份额的申购和赎回、基金财产的投资、收益分配等基金运作活动进行管理的公司。证券投资基金的依法募集由基金管理人承担。基金管理人由依法设立的基金管理公司担任。担任基金管理人应当经国务院证券监督管理机构核准
保险类金融机构	保险公司	保险公司是依照法律法规和国家政策设立的经营商业保险和政策性保险的金融机构
	保险中介机构	保险中介机构是介于保险人和被保险人之间,专门从事保险业务咨询与推销、风险管理与安排、保险价值评估、损失鉴定与理算等中间服务活动,并获取佣金或手续费的组织
银行业非存款类金融机构	金融资产管理公司	金融资产管理公司指经国务院决定设立的收购国有银行不良贷款,管理和处置因收购国有银行不良贷款形成的资产的国有独资非银行金融机构
	信托公司	信托公司是指依法设立的,以营业和收取报酬为目的,以受托人身份承诺信托和处理信托事务的金融机构
	金融租赁公司	金融租赁公司是指经国务院银行业监督管理机构批准,以经营融资租赁业务为主的非银行金融机构
	汽车金融公司	汽车金融公司是指经国务院银行业监督管理机构批准设立的,为中国境内的汽车购买者及销售者提供金融服务的非银行金融机构
	货币经纪公司	货币经纪公司是指经批准在中国境内设立的,通过电子技术或其他手段,专门从事促进金融机构间资金融通和外汇交易等经纪服务,并从中收取佣金的非银行金融机构
	消费金融公司	消费金融公司是指经国务院银行业监督管理机构批准,在中华人民共和国境内设立的,不吸收公众存款,以小额、分散为原则,为中国境内居民个人提供以消费为目的的贷款的非银行金融机构

续表

机构分类	机构名称	机构职能
金融行业自律组织	中国银行业协会	中国银行业协会是经中国人民银行和民政部批准成立,并在民政部登记注册的全国性非营利社会团体,是中国银行业自律组织。2003年中国银监会成立后,中国银行业协会主管单位由中国人民银行变更为中国银监会
金融行业自律组织	中国证券业协会	中国证券业协会是依据《中华人民共和国证券法》和《社会团体登记管理条例》的有关规定设立的证券业自律性组织,属于非营利性社会团体法人,接受中国证监会和国家民政部的业务指导和监督管理
金融行业自律组织	中国期货业协会	中国期货业协会是依据《中华人民共和国证券法》、《期货交易管理条例》和《社会团体登记管理条例》的有关规定设立的期货行业自律性组织,属于非营利性社会团体法人,接受中国证监会和国家民政部的业务指导和监督管理
金融行业自律组织	中国证券投资基金业协会	中国证券投资基金业协会是依据《中华人民共和国证券法》、《中华人民共和国证券投资基金法》和《社会团体登记管理条例》的有关规定设立的证券投资基金业自律性组织,属于非营利性社会团体法人,接受中国证监会和国家民政部的业务指导和监督管理
金融行业自律组织	中国保险行业协会	中国保险行业协会是经国务院保险监督管理机构审查同意并在国家民政部登记注册的中国保险业的全国性自律组织,是自愿结成的非营利性社会团体法人
金融行业自律组织	中国银行间市场交易商协会	中国银行间市场交易商协会是由市场参与者自愿组成的,包括银行间债券市场、同业拆借市场、外汇市场、票据市场和黄金市场在内的银行间市场的自律组织。其是经国务院、民政部批准成立的全国性非营利性社会团体法人

第一节 金融调控与金融监管体系

"一行三会"是我国金融调控与监管体系的主要组成部分。"一行三会"是对中国人民银行、中国银行业监督管理委员会、中国证券监督管理委员会、中国保险监督管理委员会这四家金融管理和监督部门的简称,它构成了中国金融业分业监管的格局。

一、中国人民银行

中国人民银行为国务院组成部门,是中华人民共和国的中央银行,是在国务院领导下制定和执行货币政策、维护金融稳定、提供金融服务的宏观调控部门。

二、银监会、证监会和保监会

中国银行业监督管理委员会(简称银监会)为国务院直属正部级事业单位。根据国务院授权,统一监督管理银行、金融资产管理公司、信托投资公司及其他存款类金融机构,维护银行业的合法、稳健运行。

中国证券监督管理委员会(简称证监会)为国务院直属正部级事业单位,依照法律、法规和国务院授权,统一监督管理全国证券期货市场,维护证券期货市场秩序,保障其合法运行。

中国保险监督管理委员会(简称保监会)为国务院直属正部级事业单位。根据国务院授权,履行行政管理职能,依照法律、法规统一监督管理全国保险市场,维护保险业的合法、稳健运行。

第二节 我国的中央银行:中国人民银行

中国人民银行是中华人民共和国的中央银行,主要职能为制定和执行货币政策、维护金融稳定以及提供金融服务,同时,中国人民银行还负责信贷政策管理和推动金融改革。

一、制定和执行货币政策

货币政策是人民银行运用货币政策工具,调节货币供求以实现宏观经济调控目标的策略和方针的总称。货币政策的要素包括:货币政策的最终目标、货币政策的中间目标、货币政策的操作目标、货币政策工具和货币政策传导机制。

我国货币政策的最终目标是：维护币值稳定，并以此促进经济增长。

为了实现货币政策目标，中国人民银行综合使用公开市场操作、存款准备金、再贷款与再贴现、常备借贷便利、中期借贷便利、抵押补充贷款、利率政策等多种工具组合，同时健全宏观审慎政策框架，发挥其逆周期调节作用。

二、维护金融稳定

金融是现代经济的核心，金融市场一旦出现动荡，整个经济和社会都会大受影响。历史上，股灾、银行倒闭、金融危机屡见不鲜，而金融危机的后果往往是经济发展停滞和社会动荡。

中国人民银行作为我国的中央银行，承担着防范和化解金融风险、维护国家金融稳定的重要职责。中国人民银行通过监测和评估金融风险、处置金融领域风险隐患、推进金融业改革发展、强化金融安全网建设、承担最后贷款人职能，保持金融体系流动性，确保金融体系平稳运行。中国人民银行综合运用利率和汇率政策、公开市场操作、资本账户管理、再贷款和支付体系支持等工具，以及宏观审慎管理、监管协调机制、金融消费权益保护等制度安排，为金融机构和市场的稳健运行创造良好环境，维护金融体系的整体稳定。

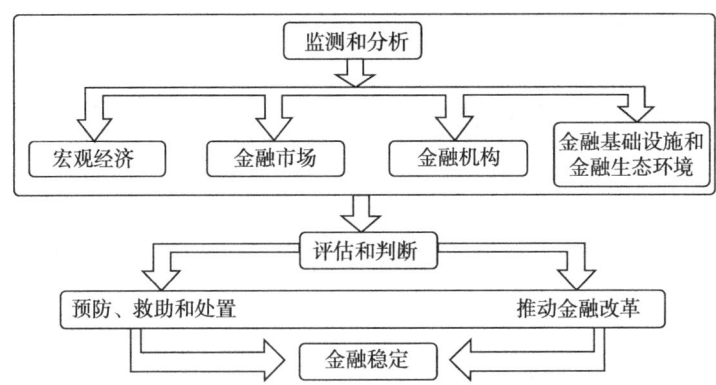

三、提供金融服务

在许多人眼里，中国人民银行只是一个制定和实施货币政策、维护金融稳定的国家机关，似乎与人们的日常生活离得很远。事实却不是这样，中国人民银行也为全社会提供金融服务，而且这些服务与老百姓的生活息息相关。

人们平常普遍使用的人民币，就是由中国人民银行印制和发行的。您在不同银行间进行的每一笔转账或汇款，都要通过中国人民银行建设的清算系统。您去商业银行申请贷款时，也需要借助中国人民银行建立的征信系统提供信用证明。

中国人民银行提供的金融服务远不止这些，它还经理国库，管理国家外汇储备和黄金储备，统计金融数据，组织反洗钱工作……您能够享受方便快捷的金融服务，这背后就有中央银行的重大贡献。

四、信贷政策管理和推动金融改革

信贷政策是中国人民银行根据国家宏观调控和产业政策要求，着眼于调控金融机构信贷资金投向的比例、结构和期限，实现信贷资金优化配置并促进经济结构调整的金融政策。目前中国人民银行信贷政策主要包括：推动产业结构优化升级和经济发展方式转变的信贷政策，促进区域经济协调发展的信贷政策，促进消费市场发展的信贷政策，房地产和汽车金融信贷政策，针对特定领域、重点项目和应急性事件的信贷政策，服务"三农"、中小微企业、扶贫、就业和助学的信贷政策，协调和推进金融机构开展信用衍生产品和信贷资产证券化工作。

按照党中央、国务院的统一部署，中国人民银行承担了综合协调解决金融运行中重大问题、推进金融业改革和发展的一些职能。近年来，中国人民银行推动金融改革发展重点工作取得明显成效。一是推进大型商业银行股份制改革，农村信用社、政策性和开发性金融机构改革；二是大力推动利率、汇率市场化改革，市场在金融资源配置中的决定性作用进一步发挥；三是深化债券市场、黄金市场、外汇市场、货币市场规范创新发展，多层次金融市场进一步完善；四是有序提高人民币资本项目可兑换程度，大力推动人民币国际化，人民币成功加入了国际货币基金组织特别提款权（SDR）货币篮子，这是国际社会对我国金融改革开放成就和国际地位的认可；五是正式建立存款保险制度，更好地保护存款人利益,促进金融业稳健发展;六是协调推动覆盖东部沿海发达地区、中部工业化转型地区、西部欠发达地区和民族边疆地区的区域金融改革。

第三节 金融机构体系

一、银行类金融机构

(一) 政策性银行和国家开发银行

为促进"瓶颈"产业的发展,促进进出口贸易,支持农业发展,并促进国家专业银行向商业银行转化,1994年,我国成立了国家开发银行、中国进出口银行和中国农业发展银行三家政策性银行,分别从事"两基一支"(基础设施、基础产业、支柱产业)、机电产品和成套设备出口、粮棉油收购融资等政策性业务。

2014年12月、2015年3月,中国农业发展银行、国家开发银行和中国进出口银行改革方案分别获国家批准。国家开发银行定位于开发性金融机构,中国进出口银行和中国农业发展银行定位于政策性银行。

(二) 大型商业银行

改革开放以后,中国工商银行、中国农业银行、中国银行及中国建设银行逐步得以建立、恢复和发展,曾被称为四大专业银行,随着四家银行改制进程的不断深入,以及交通银行的发展壮大,从同质同类机构监管的角度,这五家银行统一归类为"国有及国有控股的大型商业银行",并称为"大型商业银行"或"五大行"。

(三) 股份制商业银行

在我国,股份制商业银行是指大型商业银行以外的全国性股份制商业银行、区域性股份制商业银行的总称。例如,中信银行、招商银行、广发银行、兴业银行、中国光大银行、华夏银行、中国民生银行等都属于全国性股份制商业银行。

(四) 城市商业银行

城市商业银行是中国银行业的重要组成和特殊群体,其前身是20世纪80

年代设立的城市信用社，当时的业务定位是：为中小企业提供金融支持，为地方经济搭桥铺路。从20世纪90年代中期，以城市信用社为基础，各地纷纷组建城市商业银行，至今全国城市商业银行已过百家。

（五）农村金融机构

农村金融机构主要包括农村信用社、农村商业银行、农村合作银行、村镇银行、农村资金互助社和贷款公司。

（六）中国邮政储蓄银行

中国邮政储蓄银行是在邮政储蓄的基础上组建的。中国邮政储蓄银行的市场定位是，充分依托和发挥网络优势，完善城乡金融服务功能，以零售业务和中间业务为主，为城市社区和广大农村地区居民提供基础金融服务，与其他商业银行形成互补关系，支持社会主义新农村建设。

（七）外资商业银行

外资商业银行是指依照中华人民共和国有关法律、法规，经批准在中华人民共和国境内设立的下列机构：一家外国银行单独出资或者一家外国银行与其他金融机构共同出资设立的外商独资银行；外国金融机构与中国的公司、企业共同出资设立的中外合资银行；外国银行分行；外国银行代表处。

（八）财务公司

财务公司是以加强企业集团资金集中管理和提高企业集团资金使用效率为目的，为企业集团成员单位提供财务管理服务的金融机构。

二、非银行类金融机构体系

（一）证券类机构

1. 证券交易所

证券交易所是为证券集中交易提供场所和设施，组织和监督证券交易，实行自律管理的法人。证券交易所的设立和解散，由国务院决定。投资者应当与证券公司签订证券交易委托协议，并在证券公司开立证券交易账户，以书面、电话、互联网以及其他方式，委托该证券公司代其买卖证券。目前，中国已注册三家证券交易所，即上海证券交易所、深圳证券交易所和全国中小企业股份转让系统（"新三板"）。全国中小企业股份转让系统是经国务院批准设立的第一家公司制证券交易所,也是继上海证券交易所、深圳证券交易所之后的第三家全国性证券交易所,主要致力于为中小微企业提供资本市场服务。设立全国中小企业股份转让系统是加快我国多层次资本市场建设发展的重要举措。全国中小企业股份转让系统有限责任公司是"新三板"的运营管理机构,主要负责组织安排非上市股份公司股份的公开转让,为非上市股份公司融资、并购等相关业务提供服务,为市场参与者提供信息、技术和培训服务等业务。

2. 商品期货交易所

商品期货交易所是大宗商品进行期货交易的场所。期货交易对象不是商品的实体,而是期货交易所提供的标准化的期货合约,即规定在某一特定时间和地点交割一定数量和质量商品的标准化合约。交易所负责制定标准化的期货合约,期货价格通过公开竞价而达成。目前我国商品期货交易所主要有大连商品交易所、上海期货交易所和郑州商品交易所。

3. 证券公司

证券公司是指依照《中华人民共和国公司法》和《中华人民共和国证券法》的规定设立的并经国务院证券监督管理机构审查批准而成立的专门经营证券业务,具有独立法人地位的有限责任公司或者股份有限公司。证券公司具有证券交易所的会员资格,可以承销发行、自营买卖或自营兼代理买卖证券。普通投资人的证券投资都要通过证券公司来进行。

4. 证券服务机构

证券服务机构是指依法设立的,从事证券服务业务的法人机构。证券服务业务包括:证券投资咨询;证券发行及交易的咨询、策划、财务顾问、法律顾问及其他配套服务;证券资信评估服务;证券集中保管;证券清算交割服务;证券登记过户服务;证券融资;经证券管理部门认定的其他业务。

5. 期货公司

期货公司是指依法设立的、接受客户委托、按照客户的指令、以自己的名义为客户进行期货交易并收取交易手续费的中介组织,其交易结果由客户承担。期货公司是交易者与期货交易所之间的桥梁。

6. 基金管理公司

基金管理公司是指依据有关法律法规设立的对基金的募集、基金份额的申购和赎回、基金财产的投资、收益分配等基金运作活动进行管理的公司。证券投资基金的依法募集由基金管理人承担。基金管理人由依法设立的基金管理公司担任。担任基金管理人应当经国务院证券监督管理机构核准。

(二) 保险类机构

1. 保险公司

保险公司是指依照法律法规和国家政策设立的经营商业保险和政策性保险的金融机构。

2. 保险中介机构

保险中介机构是介于保险人和被保险人之间，专门从事保险业务咨询与推销、风险管理与安排、保险价值评估、损失鉴定与理算等中间服务活动，并获取佣金或手续费的组织。

(三) 其他非银行类金融机构

1. 金融资产管理公司

金融资产管理公司是指经国务院决定设立的收购国有银行不良贷款，管理和处置因收购国有银行不良贷款形成的资产的国有独资非银行金融机构。

2. 信托公司

信托是指委托人基于对受托人的信任，将其财产权委托给受托人，由受托人按委托人的意愿以自己的名义，为受益人的利益或者特定目的，进行管理或者处分的行为。信托公司是指依法设立的，以营业和收取报酬为目的，以受托人身份承诺信托和处理信托事务的金融机构。

3. 金融租赁公司

金融租赁公司是指经国务院银行业监督管理机构批准，以经营融资租赁业务为主的非银行金融机构。融资租赁是指出租人根据承租人对租赁物和供货人的选择或认可，将其从供货人处取得的租赁物按合同约定出租给承租人占有、使用，向承租人收取租金的交易活动。

4. 汽车金融公司

汽车金融公司是指经国务院银行业监督管理机构批准设立的，为中国境内的汽车购买者及销售者提供金融服务的非银行金融机构。

5. 货币经纪公司

货币经纪公司是指经批准在中国境内设立的，通过电子技术或其他手段，专门从事促进金融机构间资金融通和外汇交易等经纪服务，并从中收取佣金的非银行金融机构。

6. 消费金融公司

消费金融公司是指经国务院银行业监督管理机构批准，在中华人民共和国境内设立的，不吸收公众存款，以小额、分散为原则，为中国境内居民个人提供以消费为目的的贷款的非银行金融机构。

以上介绍的金融业机构信息均收录于中国人民银行建设的金融业机构信息管理系统中。

第四节 金融行业自律组织体系

一、中国银行业协会

中国银行业协会是经中国人民银行和民政部批准成立，并在民政部登记注册的全国性非营利社会团体，是中国银行业自律组织。2003年中国银监会成立后，中国银行业协会主管单位由中国人民银行变更为中国银监会。

二、中国证券业协会

中国证券业协会是依据《中华人民共和国证券法》和《社会团体登记管理条例》的有关规定设立的证券业自律性组织，属于非营利性社会团体法人，接受中国证监会和国家民政部的业务指导和监督管理。

三、中国期货业协会

中国期货业协会是依据《中华人民共和国证券法》、《期货交易管理条例》和《社会团体登记管理条例》的有关规定设立的期货行业自律性组织，属于非营利性社会团体法人，接受中国证监会和国家民政部的业务指导和监督管理。

四、中国证券投资基金业协会

中国证券投资基金业协会是依据《中华人民共和国证券法》、《中华人民共和国证券投资基金法》和《社会团体登记管理条例》的有关规定设立的证券投资基金业自律性组织，属于非营利性社会团体法人，接受中国证监会和国家民政部的业务指导和监督管理。

五、中国保险行业协会

中国保险行业协会是经中国保险监督管理委员会审查同意并在国家民政部登记注册的中国保险业的全国性自律组织，是自愿结成的非营利性社会团体法人。

六、中国银行间市场交易商协会

中国银行间市场交易商协会是由市场参与者自愿组成的，包括银行间债券市场、同业拆借市场、外汇市场、票据市场和黄金市场在内的银行间市场的自律组织。其是经国务院、民政部批准成立的全国性非营利性社会团体法人。

第五节　金融市场体系

金融市场体系由货币市场、资本市场、外汇市场和黄金市场四个部分组成。

一、货币市场

货币市场是指期限在一年以内、以短期金融工具为媒介进行资金融通和借贷的市场，是一年期以内的短期融资工具交易所形成的供求关系及其运行机制的总和。货币市场是典型的以机构投资者为主体的市场，其活动的主要目的是保持资金的流动性：一方面满足资金需求者的短期资金需要；另一方面为资金充裕者的闲置资金提供盈利机会。就结构而言，货币市场主要包括同业拆借市场、回购市场、票据市场、大额可转让定期存单市场等。

二、资本市场

资本市场是指以长期金融工具为媒介进行的、期限在一年以上的长期资金融通市场。在资本市场上,发行主体所筹集的资金大多用于扩大再生产的投资,融通的资金期限长、流动性相对较差、风险较大而收益相对较高。我国资本市场包括股票市场、债券市场、基金市场等。

三、外汇市场

外汇市场是进行外汇买卖的交易场所,它是由外汇需求者、外汇供给者及买卖中介机构组成的外汇买卖场所或网络。外汇市场有狭义和广义之分:狭义的外汇市场是指银行间的外汇交易,包括同一市场各银行间的外汇交易、不同市场各银行间的外汇交易、中央银行与外汇银行之间以及各国中央银行之间的外汇交易活动;广义的外汇市场是指由各国中央银行、外汇银行、外汇经纪人及客户组成的外汇买卖、经营活动的总和。我国外汇市场情况详见本书第四章内容。

四、黄金市场

黄金市场是金融市场的重要组成部分,是集中进行黄金买卖的交易场所。黄金兼具金融和商品两种属性,发展黄金市场,有利于发挥黄金不同于其他金融资产的独特作用,形成与其他金融市场互补协调发展的局面。我国黄金市场包括上海黄金交易所黄金业务、商业银行黄金业务和上海期货交易所黄金期货业务。

附录一

中华人民共和国中国人民银行法
（修正）

（1995年3月18日第八届全国人民代表大会第三次会议通过 根据2003年12月27日第十届全国人民代表大会常务委员会第六次会议《关于修改〈中华人民共和国中国人民银行法〉的决定》修正）

第一章 总　　则

第一条　为了确立中国人民银行的地位，明确其职责，保证国家货币政策的正确制定和执行，建立和完善中央银行宏观调控体系，维护金融稳定，制定本法。

第二条　中国人民银行是中华人民共和国的中央银行。中国人民银行在国务院领导下，制定和执行货币政策，防范和化解金融风险，维护金融稳定。

第三条　货币政策目标是保持货币币值的稳定，并以此促进经济增长。

第四条　中国人民银行履行下列职责：

（一）发布与履行其职责有关的命令和规章；

（二）依法制定和执行货币政策；

（三）发行人民币，管理人民币流通；

（四）监督管理银行间同业拆借市场和银行间债券市场；

（五）实施外汇管理，监督管理银行间外汇市场；

（六）监督管理黄金市场；

（七）持有、管理、经营国家外汇储备、黄金储备；

（八）经理国库；

（九）维护支付、清算系统的正常运行；

（十）指导、部署金融业反洗钱工作，负责反洗钱的资金监测；

（十一）负责金融业的统计、调查、分析和预测；

（十二）作为国家的中央银行，从事有关的国际金融活动；

（十三）国务院规定的其他职责。

中国人民银行为执行货币政策，可以依照本法第四章的有关规定从事金融业务活动。

第五条 中国人民银行就年度货币供应量、利率、汇率和国务院规定的其他重要事项作出的决定，报国务院批准后执行。

中国人民银行就前款规定以外的其他有关货币政策事项作出决定后，即予执行，并报国务院备案。

第六条 中国人民银行应当向全国人民代表大会常务委员会提出有关货币政策情况和金融业运行情况的工作报告。

第七条 中国人民银行在国务院领导下依法独立执行货币政策，履行职责，开展业务，不受地方政府、各级政府部门、社会团体和个人的干涉。

第八条 中国人民银行的全部资本由国家出资，属于国家所有。

第九条 国务院建立金融监督管理协调机制，具体办法由国务院规定。

第二章　组织机构

第十条 中国人民银行设行长一人，副行长若干人。中国人民银行行长的人选，根据国务院总理的提名，由全国人民代表大会决定；全国人民代表大会闭会期间，由全国人民代表大会常务委员会决定，由中华人民共和国主席任免。中国人民银行副行长由国务院总理任免。

第十一条 中国人民银行实行行长负责制。行长领导中国人民银行的工作，副行长协助行长工作。

第十二条 中国人民银行设立货币政策委员会。货币政策委员会的职责、组成和工作程序，由国务院规定，报全国人民代表大会常务委员会备案。中国人民银行货币政策委员会应当在国家宏观调控、货币政策制定和调整中，发挥重要作用。

第十三条 中国人民银行根据履行职责的需要设立分支机构，作为中国人民银行的派出机构。中国人民银行对分支机构实行统一领导和管理。中国人民银行的分支机构根据中国人民银行的授权，维护本辖区的金融稳定，承办有关业务。

第十四条 中国人民银行的行长、副行长及其他工作人员应当恪尽职守，不得滥用职权、徇私舞弊，不得在任何金融机构、企业、基金会兼职。

第十五条 中国人民银行的行长、副行长及其他工作人员,应当依法保守国家秘密,并有责任为与履行其职责有关的金融机构及当事人保守秘密。

第三章 人民币

第十六条 中华人民共和国的法定货币是人民币。以人民币支付中华人民共和国境内的一切公共的和私人的债务,任何单位和个人不得拒收。

第十七条 人民币的单位为元,人民币辅币单位为角、分。

第十八条 人民币由中国人民银行统一印制、发行。

中国人民银行发行新版人民币,应当将发行时间、面额、图案、式样、规格予以公告。

第十九条 禁止伪造、变造人民币。禁止出售、购买伪造、变造的人民币。禁止运输、持有、使用伪造、变造的人民币。禁止故意毁损人民币。禁止在宣传品、出版物或者其他商品上非法使用人民币图样。

第二十条 任何单位和个人不得印制、发售代币票券,以代替人民币在市场上流通。

第二十一条 残缺、污损的人民币,按照中国人民银行的规定兑换,并由中国人民银行负责收回、销毁。

第二十二条 中国人民银行设立人民币发行库,在其分支机构设立分支库。分支库调拨人民币发行基金,应当按照上级库的调拨命令办理。任何单位和个人不得违反规定,动用发行基金。

第四章 业　　务

第二十三条 中国人民银行为执行货币政策,可以运用下列货币政策工具:

(一) 要求银行业金融机构按照规定的比例交存存款准备金;

(二) 确定中央银行基准利率;

(三) 为在中国人民银行开立账户的银行业金融机构办理再贴现;

(四) 向商业银行提供贷款;

(五) 在公开市场上买卖国债、其他政府债券和金融债券及外汇;

(六) 国务院确定的其他货币政策工具。

中国人民银行为执行货币政策,运用前款所列货币政策工具时,可以规定具体的条件和程序。

第二十四条 中国人民银行依照法律、行政法规的规定经理国库。

第二十五条 中国人民银行可以代理国务院财政部门向各金融机构组织发行、兑付国债和其他政府债券。

第二十六条 中国人民银行可以根据需要，为银行业金融机构开立账户，但不得对银行业金融机构的账户透支。

第二十七条 中国人民银行应当组织或者协助组织银行业金融机构相互之间的清算系统，协调银行业金融机构相互之间的清算事项，提供清算服务。具体办法由中国人民银行制定。

中国人民银行会同国务院银行业监督管理机构制定支付结算规则。

第二十八条 中国人民银行根据执行货币政策的需要，可以决定对商业银行贷款的数额、期限、利率和方式，但贷款的期限不得超过一年。

第二十九条 中国人民银行不得对政府财政透支，不得直接认购、包销国债和其他政府债券。

第三十条 中国人民银行不得向地方政府、各级政府部门提供贷款，不得向非银行金融机构以及其他单位和个人提供贷款，但国务院决定中国人民银行可以向特定的非银行金融机构提供贷款的除外。

中国人民银行不得向任何单位和个人提供担保。

第五章 金融监督管理

第三十一条 中国人民银行依法监测金融市场的运行情况，对金融市场实施宏观调控，促进其协调发展。

第三十二条 中国人民银行有权对金融机构以及其他单位和个人的下列行为进行检查监督：

（一）执行有关存款准备金管理规定的行为；

（二）与中国人民银行特种贷款有关的行为；

（三）执行有关人民币管理规定的行为；

（四）执行有关银行间同业拆借市场、银行间债券市场管理规定的行为；

（五）执行有关外汇管理规定的行为；

（六）执行有关黄金管理规定的行为；

（七）代理中国人民银行经理国库的行为；

（八）执行有关清算管理规定的行为；

（九）执行有关反洗钱规定的行为。

前款所称中国人民银行特种贷款，是指国务院决定的由中国人民银行向金融机构发放的用于特定目的的贷款。

第三十三条 中国人民银行根据执行货币政策和维护金融稳定的需要，可以建议国务院银行业监督管理机构对银行业金融机构进行检查监督。国务院银行业监督管理机构应当自收到建议之日起三十日内予以回复。

第三十四条 当银行业金融机构出现支付困难，可能引发金融风险时，为了维护金融稳定，中国人民银行经国务院批准，有权对银行业金融机构进行检查监督。

第三十五条 中国人民银行根据履行职责的需要，有权要求银行业金融机构报送必要的资产负债表、利润表以及其他财务会计、统计报表和资料。中国人民银行应当和国务院银行业监督管理机构、国务院其他金融监督管理机构建立监督管理信息共享机制。

第三十六条 中国人民银行负责统一编制全国金融统计数据、报表，并按照国家有关规定予以公布。

第三十七条 中国人民银行应当建立、健全本系统的稽核、检查制度，加强内部的监督管理。

第六章　财务会计

第三十八条 中国人民银行实行独立的财务预算管理制度。中国人民银行的预算经国务院财政部门审核后，纳入中央预算，接受国务院财政部门的预算执行监督。

第三十九条 中国人民银行每一会计年度的收入减除该年度支出，并按照国务院财政部门核定的比例提取总准备金后的净利润，全部上缴中央财政。中国人民银行的亏损由中央财政拨款弥补。

第四十条 中国人民银行的财务收支和会计事务，应当执行法律、行政法规和国家统一的财务、会计制度，接受国务院审计机关和财政部门依法分别进行的审计和监督。

第四十一条 中国人民银行应当于每一会计年度结束后的三个月内，编制资产负债表、损益表和相关的财务会计报表，并编制年度报告，按照国家有关规定予以公布。

中国人民银行的会计年度自公历1月1日起至12月31日止。

第七章　法律责任

第四十二条 伪造、变造人民币，出售伪造、变造的人民币，或者明知是伪造、变造的人民币而运输，构成犯罪的，依法追究刑事责任；尚不构成犯罪的，由公安机关处十五日以下拘留、一万元以下罚款。

第四十三条 购买伪造、变造的人民币或者明知是伪造、变造的人民币而持有、使用，构成犯罪的，依法追究刑事责任；尚不构成犯罪的，由公安机关处十五日以下拘留、一万元以下罚款。

第四十四条 在宣传品、出版物或者其他商品上非法使用人民币图样的，中国人民银行应当责令改正，并销毁非法使用的人民币图样，没收违法所得，并处五万元以下罚款。

第四十五条 印制、发售代币票券,以代替人民币在市场上流通的,中国人民银行应当责令停止违法行为,并处二十万元以下罚款。

第四十六条 本法第三十二条所列行为违反有关规定,有关法律、行政法规有处罚规定的,依照其规定给予处罚;有关法律、行政法规未作处罚规定的,由中国人民银行区别不同情形给予警告,没收违法所得,违法所得五十万元以上的,并处违法所得一倍以上五倍以下罚款;没有违法所得或者违法所得不足五十万元的,处五十万元以上二百万元以下罚款;对负有直接责任的董事、高级管理人员和其他直接责任人员给予警告,处五万元以上五十万元以下罚款;构成犯罪的,依法追究刑事责任。

第四十七条 当事人对行政处罚不服的,可以依照《中华人民共和国行政诉讼法》的规定提起行政诉讼。

第四十八条 中国人民银行有下列行为之一的,对负有直接责任的主管人员和其他直接责任人员,依法给予行政处分;构成犯罪的,依法追究刑事责任:

(一)违反本法第三十条第一款的规定提供贷款的;

(二)对单位和个人提供担保的;

(三)擅自动用发行基金的。

有前款所列行为之一,造成损失的,负有直接责任的主管人员和其他直接责任人员应当承担部分或者全部赔偿责任。

第四十九条 地方政府、各级政府部门、社会团体和个人强令中国人民银行及其工作人员违反本法第三十条的规定提供贷款或者担保的,对负有直接责任的主管人员和其他直接责任人员,依法给予行政处分;构成犯罪的,依法追究刑事责任;造成损失的,应当承担部分或者全部赔偿责任。

第五十条 中国人民银行的工作人员泄露国家秘密或者所知悉的商业秘密,构成犯罪的,依法追究刑事责任;尚不构成犯罪的,依法给予行政处分。

第五十一条 中国人民银行的工作人员贪污受贿、徇私舞弊、滥用职权、玩忽职守,构成犯罪的,依法追究刑事责任;尚不构成犯罪的,依法给予行政处分。

第八章 附 则

第五十二条 本法所称银行业金融机构,是指在中华人民共和国境内设立的商业银行、城市信用合作社、农村信用合作社等吸收公众存款的金融机构以及政策性银行。在中华人民共和国境内设立的金融资产管理公司、信托投资公司、财务公司、金融租赁公司以及经国务院银行业监督管理机构批准设立的其他金融机构,适用本法对银行业金融机构的规定。

第五十三条 本法自公布之日起施行。

附录二

中华人民共和国商业银行法

（1995年5月10日第八届全国人民代表大会常务委员会第十三次会议通过 根据2003年12月27日第十届全国人民代表大会常务委员会第六次会议《关于修改〈中华人民共和国商业银行法〉的决定》第一次修正 根据2015年8月29日第十二届全国人民代表大会常务委员会第十六次会议《关于修改〈中华人民共和国商业银行法〉的决定》第二次修正）

第一章 总 则

第一条 为了保护商业银行、存款人和其他客户的合法权益，规范商业银行的行为，提高信贷资产质量，加强监督管理，保障商业银行的稳健运行，维护金融秩序，促进社会主义市场经济的发展，制定本法。

第二条 本法所称的商业银行是指依照本法和《中华人民共和国公司法》设立的吸收公众存款、发放贷款、办理结算等业务的企业法人。

第三条 商业银行可以经营下列部分或者全部业务：

（一）吸收公众存款；

（二）发放短期、中期和长期贷款；

（三）办理国内外结算；

（四）办理票据承兑与贴现；

（五）发行金融债券；

（六）代理发行、代理兑付、承销政府债券；

（七）买卖政府债券、金融债券；

（八）从事同业拆借；

（九）买卖、代理买卖外汇；

（十）从事银行卡业务；

（十一）提供信用证服务及担保；

（十二）代理收付款项及代理保险业务；

（十三）提供保管箱服务；

（十四）经国务院银行业监督管理机构批准的其他业务。

经营范围由商业银行章程规定，报国务院银行业监督管理机构批准。

商业银行经中国人民银行批准，可以经营结汇、售汇业务。

第四条 商业银行以安全性、流动性、效益性为经营原则，实行自主经营，自担风险，自负盈亏，自我约束。

商业银行依法开展业务，不受任何单位和个人的干涉。

商业银行以其全部法人财产独立承担民事责任。

第五条 商业银行与客户的业务往来，应当遵循平等、自愿、公平和诚实信用的原则。

第六条 商业银行应当保障存款人的合法权益不受任何单位和个人的侵犯。

第七条 商业银行开展信贷业务，应当严格审查借款人的资信，实行担保，保障按期收回贷款。

商业银行依法向借款人收回到期贷款的本金和利息，受法律保护。

第八条 商业银行开展业务，应当遵守法律、行政法规的有关规定，不得损害国家利益、社会公共利益。

第九条 商业银行开展业务，应当遵守公平竞争的原则，不得从事不正当竞争。

第十条 商业银行依法接受国务院银行业监督管理机构的监督管理，但法律规定其有关业务接受其他监督管理部门或者机构监督管理的，依照其规定。

第二章　商业银行的设立和组织机构

第十一条 设立商业银行，应当经国务院银行业监督管理机构审查批准。

未经国务院银行业监督管理机构批准，任何单位和个人不得从事吸收公众存款等商业银行业务，任何单位不得在名称中使用"银行"字样。

第十二条 设立商业银行，应当具备下列条件：

（一）有符合本法和《中华人民共和国公司法》规定的章程；

（二）有符合本法规定的注册资本最低限额；

（三）有具备任职专业知识和业务工作经验的董事、高级管理人员；

（四）有健全的组织机构和管理制度；

（五）有符合要求的营业场所、安全防范措施和与业务有关的其他设施。

设立商业银行，还应当符合其他审慎性条件。

第十三条 设立全国性商业银行的注册资本最低限额为十亿元人民币。设立城市商业银行的注册资本最低限额为一亿元人民币，设立农村商业银行的注册资本最低限额为五千万元人民币。注册资本应当是实缴资本。

国务院银行业监督管理机构根据审慎监管的要求可以调整注册资本最低限额，但不得少于前款规定的限额。

第十四条 设立商业银行，申请人应当向国务院银行业监督管理机构提交下列文件、资料：

（一）申请书，申请书应当载明拟设立的商业银行的名称、所在地、注册资本、业务范围等；

（二）可行性研究报告；

（三）国务院银行业监督管理机构规定提交的其他文件、资料。

第十五条 设立商业银行的申请经审查符合本法第十四条规定的，申请人应当填写正式申请表，并提交下列文件、资料：

（一）章程草案；

（二）拟任职的董事、高级管理人员的资格证明；

（三）法定验资机构出具的验资证明；

（四）股东名册及其出资额、股份；

（五）持有注册资本百分之五以上的股东的资信证明和有关资料；

（六）经营方针和计划；

（七）营业场所、安全防范措施和与业务有关的其他设施的资料；

（八）国务院银行业监督管理机构规定的其他文件、资料。

第十六条 经批准设立的商业银行，由国务院银行业监督管理机构颁发经营许可证，并凭该许可证向工商行政管理部门办理登记，领取营业执照。

第十七条 商业银行的组织形式、组织机构适用《中华人民共和国公司法》的规定。

本法施行前设立的商业银行，其组织形式、组织机构不完全符合《中华人民共和国公司法》规定的，可以继续沿用原有的规定，适用前款规定的日期由国务院规定。

第十八条 国有独资商业银行设立监事会。监事会的产生办法由国务院规定。

监事会对国有独资商业银行的信贷资产质量、资产负债比例、国有资产保值增值等情况以及高级管理人员违反法律、行政法规或者章程的行为和损害银行利益的行为进行监督。

第十九条 商业银行根据业务需要可以在中华人民共和国境内外设立分支机构。设立分支机构必须经国务院银行业监督管理机构审查批准。在中华人民共和国境内的分支机构，不按行政区划设立。

商业银行在中华人民共和国境内设立分支机构，应当按照规定拨付与其经营规模相适应的营运资金额。拨付各分支机构营运资金额的总和，不得超过总行资本金总额的百分之六十。

第二十条　设立商业银行分支机构，申请人应当向国务院银行业监督管理机构提交下列文件、资料：

（一）申请书，申请书应当载明拟设立的分支机构的名称、营运资金额、业务范围、总行及分支机构所在地等；

（二）申请人最近两年的财务会计报告；

（三）拟任职的高级管理人员的资格证明；

（四）经营方针和计划；

（五）营业场所、安全防范措施和与业务有关的其他设施的资料；

（六）国务院银行业监督管理机构规定的其他文件、资料。

第二十一条　经批准设立的商业银行分支机构，由国务院银行业监督管理机构颁发经营许可证，并凭该许可证向工商行政管理部门办理登记，领取营业执照。

第二十二条　商业银行对其分支机构实行全行统一核算，统一调度资金，分级管理的财务制度。

商业银行分支机构不具有法人资格，在总行授权范围内依法开展业务，其民事责任由总行承担。

第二十三条　经批准设立的商业银行及其分支机构，由国务院银行业监督管理机构予以公告。

商业银行及其分支机构自取得营业执照之日起无正当理由超过六个月未开业的，或者开业后自行停业连续六个月以上的，由国务院银行业监督管理机构吊销其经营许可证，并予以公告。

第二十四条　商业银行有下列变更事项之一的，应当经国务院银行业监督管理机构批准：

（一）变更名称；

（二）变更注册资本；

（三）变更总行或者分支行所在地；

（四）调整业务范围；

（五）变更持有资本总额或者股份总额百分之五以上的股东；

（六）修改章程；

（七）国务院银行业监督管理机构规定的其他变更事项。

更换董事、高级管理人员时，应当报经国务院银行业监督管理机构审查其任职资格。

第二十五条 商业银行的分立、合并，适用《中华人民共和国公司法》的规定。

商业银行的分立、合并，应当经国务院银行业监督管理机构审查批准。

第二十六条 商业银行应当依照法律、行政法规的规定使用经营许可证。禁止伪造、变造、转让、出租、出借经营许可证。

第二十七条 有下列情形之一的，不得担任商业银行的董事、高级管理人员：

（一）因犯有贪污、贿赂、侵占财产、挪用财产罪或者破坏社会经济秩序罪，被判处刑罚，或者因犯罪被剥夺政治权利的；

（二）担任因经营不善破产清算的公司、企业的董事或者厂长、经理，并对该公司、企业的破产负有个人责任的；

（三）担任因违法被吊销营业执照的公司、企业的法定代表人，并负有个人责任的；

（四）个人所负数额较大的债务到期未清偿的。

第二十八条 任何单位和个人购买商业银行股份总额百分之五以上的，应当事先经国务院银行业监督管理机构批准。

第三章 对存款人的保护

第二十九条 商业银行办理个人储蓄存款业务，应当遵循存款自愿、取款自由、存款有息、为存款人保密的原则。

对个人储蓄存款，商业银行有权拒绝任何单位或者个人查询、冻结、扣划，但法律另有规定的除外。

第三十条 对单位存款，商业银行有权拒绝任何单位或者个人查询，但法律、行政法规另有规定的除外；有权拒绝任何单位或者个人冻结、扣划，但法律另有规定的除外。

第三十一条 商业银行应当按照中国人民银行规定的存款利率的上下限，确定存款利率，并予以公告。

第三十二条 商业银行应当按照中国人民银行的规定，向中国人民银行交存存款准备金，留足备付金。

第三十三条 商业银行应当保证存款本金和利息的支付，不得拖延、拒绝支付存款本金和利息。

第四章 贷款和其他业务的基本规则

第三十四条 商业银行根据国民经济和社会发展的需要，在国家产业政策指导下开展贷款业务。

第三十五条 商业银行贷款，应当对借款人的借款用途、偿还能力、还款方式等情况进行严格审查。

商业银行贷款，应当实行审贷分离、分级审批的制度。

第三十六条 商业银行贷款，借款人应当提供担保。商业银行应当对保证人的偿还能力，抵押物、质物的权属和价值以及实现抵押权、质权的可行性进行严格审查。

经商业银行审查、评估，确认借款人资信良好，确能偿还贷款的，可以不提供担保。

第三十七条 商业银行贷款，应当与借款人订立书面合同。合同应当约定贷款种类、借款用途、金额、利率、还款期限、还款方式、违约责任和双方认为需要约定的其他事项。

第三十八条 商业银行应当按照中国人民银行规定的贷款利率的上下限，确定贷款利率。

第三十九条 商业银行贷款，应当遵守下列资产负债比例管理的规定：

（一）资本充足率不得低于百分之八；

（二）流动性资产余额与流动性负债余额的比例不得低于百分之二十五；

（三）对同一借款人的贷款余额与商业银行资本余额的比例不得超过百分之十；

（四）国务院银行业监督管理机构对资产负债比例管理的其他规定。

本法施行前设立的商业银行，在本法施行后，其资产负债比例不符合前款规定的，应当在一定的期限内符合前款规定。具体办法由国务院规定。

第四十条 商业银行不得向关系人发放信用贷款；向关系人发放担保贷款的条件不得优于其他借款人同类贷款的条件。

前款所称关系人是指：

（一）商业银行的董事、监事、管理人员、信贷业务人员及其近亲属；

（二）前项所列人员投资或者担任高级管理职务的公司、企业和其他经济组织。

第四十一条 任何单位和个人不得强令商业银行发放贷款或者提供担保。商业银行有权拒绝任何单位和个人强令要求其发放贷款或者提供担保。

第四十二条 借款人应当按期归还贷款的本金和利息。

借款人到期不归还担保贷款的，商业银行依法享有要求保证人归还贷款本金和利息或者就该担保物优先受偿的权利。商业银行因行使抵押权、质权而取得的不动产或者股权，应当自取得之日起二年内予以处分。

借款人到期不归还信用贷款的，应当按照合同约定承担责任。

第四十三条 商业银行在中华人民共和国境内不得从事信托投资和证券经营业务，不得向非自用不动产投资或者向非银行金融机构和企业投资，但国家另有规定的除外。

第四十四条 商业银行办理票据承兑、汇兑、委托收款等结算业务，应当按照规定的期限兑现，收付入账，不得压单、压票或者违反规定退票。有关兑现、收付入账期限的规定应当公布。

第四十五条 商业银行发行金融债券或者到境外借款，应当依照法律、行政法规的规定报经批准。

第四十六条 同业拆借，应当遵守中国人民银行的规定。禁止利用拆入资金发放固定资产贷款或者用于投资。

拆出资金限于交足存款准备金、留足备付金和归还中国人民银行到期贷款之后的闲置资金。拆入资金用于弥补票据结算、联行汇差头寸的不足和解决临时性周转资金的需要。

第四十七条 商业银行不得违反规定提高或者降低利率以及采用其他不正当手段，吸收存款，发放贷款。

第四十八条 企业事业单位可以自主选择一家商业银行的营业场所开立一个办理日常转账结算和现金收付的基本账户，不得开立两个以上基本账户。

任何单位和个人不得将单位的资金以个人名义开立账户存储。

第四十九条 商业银行的营业时间应当方便客户，并予以公告。商业银行应当在公告的营业时间内营业，不得擅自停止营业或者缩短营业时间。

第五十条 商业银行办理业务，提供服务，按照规定收取手续费。收费项目和标准由国务院银行业监督管理机构、中国人民银行根据职责分工，分别会同国务院价格主管部门制定。

第五十一条 商业银行应当按照国家有关规定保存财务会计报表、业务合同以及其他资料。

第五十二条 商业银行的工作人员应当遵守法律、行政法规和其他各项业务管理的规定，不得有下列行为：

（一）利用职务上的便利，索取、收受贿赂或者违反国家规定收受各种名义的回扣、手续费；

（二）利用职务上的便利，贪污、挪用、侵占本行或者客户的资金；

（三）违反规定徇私向亲属、朋友发放贷款或者提供担保；

（四）在其他经济组织兼职；

（五）违反法律、行政法规和业务管理规定的其他行为。

第五十三条 商业银行的工作人员不得泄露其在任职期间知悉的国家秘密、商业秘密。

第五章　财务会计

第五十四条 商业银行应当依照法律和国家统一的会计制度以及国务院银行业监督管理机构的有关规定，建立、健全本行的财务、会计制度。

第五十五条 商业银行应当按照国家有关规定,真实记录并全面反映其业务活动和财务状况,编制年度财务会计报告,及时向国务院银行业监督管理机构、中国人民银行和国务院财政部门报送。商业银行不得在法定的会计账册外另立会计账册。

第五十六条 商业银行应当于每一会计年度终了三个月内,按照国务院银行业监督管理机构的规定,公布其上一年度的经营业绩和审计报告。

第五十七条 商业银行应当按照国家有关规定,提取呆账准备金,冲销呆账。

第五十八条 商业银行的会计年度自公历1月1日起至12月31日止。

第六章 监督管理

第五十九条 商业银行应当按照有关规定,制定本行的业务规则,建立、健全本行的风险管理和内部控制制度。

第六十条 商业银行应当建立、健全本行对存款、贷款、结算、呆账等各项情况的稽核、检查制度。

商业银行对分支机构应当进行经常性的稽核和检查监督。

第六十一条 商业银行应当按照规定向国务院银行业监督管理机构、中国人民银行报送资产负债表、利润表以及其他财务会计、统计报表和资料。

第六十二条 国务院银行业监督管理机构有权依照本法第三章、第四章、第五章的规定,随时对商业银行的存款、贷款、结算、呆账等情况进行检查监督。检查监督时,检查监督人员应当出示合法的证件。商业银行应当按照国务院银行业监督管理机构的要求,提供财务会计资料、业务合同和有关经营管理方面的其他信息。

中国人民银行有权依照《中华人民共和国中国人民银行法》第三十二条、第三十四条的规定对商业银行进行检查监督。

第六十三条 商业银行应当依法接受审计机关的审计监督。

第七章 接管和终止

第六十四条 商业银行已经或者可能发生信用危机,严重影响存款人的利益时,国务院银行业监督管理机构可以对该银行实行接管。

接管的目的是对被接管的商业银行采取必要措施,以保护存款人的利益,恢复商业银行的正常经营能力。被接管的商业银行的债权债务关系不因接管而变化。

第六十五条 接管由国务院银行业监督管理机构决定,并组织实施。国务院银行业监督管理机构的接管决定应当载明下列内容:

(一)被接管的商业银行名称;

（二）接管理由；

（三）接管组织；

（四）接管期限。

接管决定由国务院银行业监督管理机构予以公告。

第六十六条 接管自接管决定实施之日起开始。

自接管开始之日起，由接管组织行使商业银行的经营管理权力。

第六十七条 接管期限届满，国务院银行业监督管理机构可以决定延期，但接管期限最长不得超过二年。

第六十八条 有下列情形之一的，接管终止：

（一）接管决定规定的期限届满或者国务院银行业监督管理机构决定的接管延期届满；

（二）接管期限届满前，该商业银行已恢复正常经营能力；

（三）接管期限届满前，该商业银行被合并或者被依法宣告破产。

第六十九条 商业银行因分立、合并或者出现公司章程规定的解散事由需要解散的，应当向国务院银行业监督管理机构提出申请，并附解散的理由和支付存款的本金和利息等债务清偿计划。经国务院银行业监督管理机构批准后解散。

商业银行解散的，应当依法成立清算组，进行清算，按照清偿计划及时偿还存款本金和利息等债务。国务院银行业监督管理机构监督清算过程。

第七十条 商业银行因吊销经营许可证被撤销的，国务院银行业监督管理机构应当依法及时组织成立清算组，进行清算，按照清偿计划及时偿还存款本金和利息等债务。

第七十一条 商业银行不能支付到期债务，经国务院银行业监督管理机构同意，由人民法院依法宣告其破产。商业银行被宣告破产的，由人民法院组织国务院银行业监督管理机构等有关部门和有关人员成立清算组，进行清算。

商业银行破产清算时，在支付清算费用、所欠职工工资和劳动保险费用后，应当优先支付个人储蓄存款的本金和利息。

第七十二条 商业银行因解散、被撤销和被宣告破产而终止。

第八章　法律责任

第七十三条 商业银行有下列情形之一，对存款人或者其他客户造成财产损害的，应当承担支付迟延履行的利息以及其他民事责任：

（一）无故拖延、拒绝支付存款本金和利息的；

（二）违反票据承兑等结算业务规定，不予兑现，不予收付入账，压单、压票或者违反规定退票的；

（三）非法查询、冻结、扣划个人储蓄存款或者单位存款的；

（四）违反本法规定对存款人或者其他客户造成损害的其他行为。

有前款规定情形的，由国务院银行业监督管理机构责令改正，有违法所得的，没收违法所得，违法所得五万元以上的，并处违法所得一倍以上五倍以下罚款；没有违法所得或者违法所得不足五万元的，处五万元以上五十万元以下罚款。

第七十四条 商业银行有下列情形之一，由国务院银行业监督管理机构责令改正，有违法所得的，没收违法所得，违法所得五十万元以上的，并处违法所得一倍以上五倍以下罚款；没有违法所得或者违法所得不足五十万元的，处五十万元以上二百万元以下罚款；情节特别严重或者逾期不改正的，可以责令停业整顿或者吊销其经营许可证；构成犯罪的，依法追究刑事责任：

（一）未经批准设立分支机构的；

（二）未经批准分立、合并或者违反规定对变更事项不报批的；

（三）违反规定提高或者降低利率以及采用其他不正当手段，吸收存款，发放贷款的；

（四）出租、出借经营许可证的；

（五）未经批准买卖、代理买卖外汇的；

（六）未经批准买卖政府债券或者发行、买卖金融债券的；

（七）违反国家规定从事信托投资和证券经营业务、向非自用不动产投资或者向非银行金融机构和企业投资的；

（八）向关系人发放信用贷款或者发放担保贷款的条件优于其他借款人同类贷款的条件的。

第七十五条 商业银行有下列情形之一，由国务院银行业监督管理机构责令改正，并处二十万元以上五十万元以下罚款；情节特别严重或者逾期不改正的，可以责令停业整顿或者吊销其经营许可证；构成犯罪的，依法追究刑事责任：

（一）拒绝或者阻碍国务院银行业监督管理机构检查监督的；

（二）提供虚假的或者隐瞒重要事实的财务会计报告、报表和统计报表的；

（三）未遵守资本充足率、资产流动性比例、同一借款人贷款比例和国务院银行业监督管理机构有关资产负债比例管理的其他规定的。

第七十六条 商业银行有下列情形之一，由中国人民银行责令改正，有违法所得的，没收违法所得，违法所得五十万元以上的，并处违法所得一倍以上五倍以下罚款；没有违法所得或者违法所得不足五十万元的，处五十万元以上二百万元以下罚款；情节特别严重或者逾期不改正的，中国人民银行可以建议国务院银行业监督管理机构责令停业整顿或者吊销其经营许可证；构成犯罪的，依法追究刑事责任：

（一）未经批准办理结汇、售汇的；
（二）未经批准在银行间债券市场发行、买卖金融债券或者到境外借款的；
（三）违反规定同业拆借的。

第七十七条 商业银行有下列情形之一，由中国人民银行责令改正，并处二十万元以上五十万元以下罚款；情节特别严重或者逾期不改正的，中国人民银行可以建议国务院银行业监督管理机构责令停业整顿或者吊销其经营许可证；构成犯罪的，依法追究刑事责任：

（一）拒绝或者阻碍中国人民银行检查监督的；
（二）提供虚假的或者隐瞒重要事实的财务会计报告、报表和统计报表的；
（三）未按照中国人民银行规定的比例交存存款准备金的。

第七十八条 商业银行有本法第七十三条至第七十七条规定情形的，对直接负责的董事、高级管理人员和其他直接责任人员，应当给予纪律处分；构成犯罪的，依法追究刑事责任。

第七十九条 有下列情形之一，由国务院银行业监督管理机构责令改正，有违法所得的，没收违法所得，违法所得五万元以上的，并处违法所得一倍以上五倍以下罚款；没有违法所得或者违法所得不足五万元的，处五万元以上五十万元以下罚款：

（一）未经批准在名称中使用"银行"字样的；
（二）未经批准购买商业银行股份总额百分之五以上的；
（三）将单位的资金以个人名义开立账户存储的。

第八十条 商业银行不按照规定向国务院银行业监督管理机构报送有关文件、资料的，由国务院银行业监督管理机构责令改正，逾期不改正的，处十万元以上三十万元以下罚款。

商业银行不按照规定向中国人民银行报送有关文件、资料的，由中国人民银行责令改正，逾期不改正的，处十万元以上三十万元以下罚款。

第八十一条 未经国务院银行业监督管理机构批准，擅自设立商业银行，或者非法吸收公众存款、变相吸收公众存款，构成犯罪的，依法追究刑事责任；并由国务院银行业监督管理机构予以取缔。

伪造、变造、转让商业银行经营许可证，构成犯罪的，依法追究刑事责任。

第八十二条 借款人采取欺诈手段骗取贷款，构成犯罪的，依法追究刑事责任。

第八十三条 有本法第八十一条、第八十二条规定的行为，尚不构成犯罪的，由国务院银行业监督管理机构没收违法所得，违法所得五十万元以上的，并处违法所得一倍以上五倍以下罚款；没有违法所得或者违法所得不足五十万元的，处五十万元以上二百万元以下罚款。

第八十四条 商业银行工作人员利用职务上的便利，索取、收受贿赂或者违反国家规定收受各种名义的回扣、手续费，构成犯罪的，依法追究刑事责任；尚不构成犯罪的，应当给予纪律处分。

有前款行为,发放贷款或者提供担保造成损失的,应当承担全部或者部分赔偿责任。

第八十五条 商业银行工作人员利用职务上的便利,贪污、挪用、侵占本行或者客户资金,构成犯罪的,依法追究刑事责任;尚不构成犯罪的,应当给予纪律处分。

第八十六条 商业银行工作人员违反本法规定玩忽职守造成损失的,应当给予纪律处分;构成犯罪的,依法追究刑事责任。

违反规定徇私向亲属、朋友发放贷款或者提供担保造成损失的,应当承担全部或者部分赔偿责任。

第八十七条 商业银行工作人员泄露在任职期间知悉的国家秘密、商业秘密的,应当给予纪律处分;构成犯罪的,依法追究刑事责任。

第八十八条 单位或者个人强令商业银行发放贷款或者提供担保的,应当对直接负责的主管人员和其他直接责任人员或者个人给予纪律处分;造成损失的,应当承担全部或者部分赔偿责任。

商业银行的工作人员对单位或者个人强令其发放贷款或者提供担保未予拒绝的,应当给予纪律处分;造成损失的,应当承担相应的赔偿责任。

第八十九条 商业银行违反本法规定的,国务院银行业监督管理机构可以区别不同情形,取消其直接负责的董事、高级管理人员一定期限直至终身的任职资格,禁止直接负责的董事、高级管理人员和其他直接责任人员一定期限直至终身从事银行业工作。

商业银行的行为尚不构成犯罪的,对直接负责的董事、高级管理人员和其他直接责任人员,给予警告,处五万元以上五十万元以下罚款。

第九十条 商业银行及其工作人员对国务院银行业监督管理机构、中国人民银行的处罚决定不服的,可以依照《中华人民共和国行政诉讼法》的规定向人民法院提起诉讼。

第九章 附 则

第九十一条 本法施行前,按照国务院的规定经批准设立的商业银行不再办理审批手续。

第九十二条 外资商业银行、中外合资商业银行、外国商业银行分行适用本法规定,法律、行政法规另有规定的,依照其规定。

第九十三条 城市信用合作社、农村信用合作社办理存款、贷款和结算等业务,适用本法有关规定。

第九十四条 邮政企业办理商业银行的有关业务,适用本法有关规定。

第九十五条 本法自 2015 年 10 月 1 日起施行。

附录三

中华人民共和国反洗钱法

（2006年10月31日第十届全国人民代表大会常务委员会第二十四次会议通过）

第一章 总 则

第一条 为了预防洗钱活动，维护金融秩序，遏制洗钱犯罪及相关犯罪，制定本法。

第二条 本法所称反洗钱，是指为了预防通过各种方式掩饰、隐瞒毒品犯罪、黑社会性质的组织犯罪、恐怖活动犯罪、走私犯罪、贪污贿赂犯罪、破坏金融管理秩序犯罪、金融诈骗犯罪等犯罪所得及其收益的来源和性质的洗钱活动，依照本法规定采取相关措施的行为。

第三条 在中华人民共和国境内设立的金融机构和按照规定应当履行反洗钱义务的特定非金融机构，应当依法采取预防、监控措施，建立健全客户身份识别制度、客户身份资料和交易记录保存制度、大额交易和可疑交易报告制度，履行反洗钱义务。

第四条 国务院反洗钱行政主管部门负责全国的反洗钱监督管理工作。国务院有关部门、机构在各自的职责范围内履行反洗钱监督管理职责。

国务院反洗钱行政主管部门、国务院有关部门、机构和司法机关在反洗钱工作中应当相互配合。

第五条 对依法履行反洗钱职责或者义务获得的客户身份资料和交易信息，应当予以保密；非依法律规定，不得向任何单位和个人提供。

反洗钱行政主管部门和其他依法负有反洗钱监督管理职责的部门、机构履行反洗钱职责获得的客户身份资料和交易信息，只能用于反洗钱行政调查。

司法机关依照本法获得的客户身份资料和交易信息，只能用于反洗钱刑事诉讼。

第六条 履行反洗钱义务的机构及其工作人员依法提交大额交易和可疑交易报告，受法律保护。

第七条 任何单位和个人发现洗钱活动，有权向反洗钱行政主管部门或者公安机关举报。接受举报的机关应当对举报人和举报内容保密。

第二章 反洗钱监督管理

第八条 国务院反洗钱行政主管部门组织、协调全国的反洗钱工作，负责反洗钱的资金监测，制定或者会同国务院有关金融监督管理机构制定金融机构反洗钱规章，监督、检查金融机构履行反洗钱义务的情况，在职责范围内调查可疑交易活动，履行法律和国务院规定的有关反洗钱的其他职责。

国务院反洗钱行政主管部门的派出机构在国务院反洗钱行政主管部门的授权范围内，对金融机构履行反洗钱义务的情况进行监督、检查。

第九条 国务院有关金融监督管理机构参与制定所监督管理的金融机构反洗钱规章，对所监督管理的金融机构提出按照规定建立健全反洗钱内部控制制度的要求，履行法律和国务院规定的有关反洗钱的其他职责。

第十条 国务院反洗钱行政主管部门设立反洗钱信息中心，负责大额交易和可疑交易报告的接收、分析，并按照规定向国务院反洗钱行政主管部门报告分析结果，履行国务院反洗钱行政主管部门规定的其他职责。

第十一条 国务院反洗钱行政主管部门为履行反洗钱资金监测职责，可以从国务院有关部门、机构获取所必需的信息，国务院有关部门、机构应当提供。

国务院反洗钱行政主管部门应当向国务院有关部门、机构定期通报反洗钱工作情况。

第十二条 海关发现个人出入境携带的现金、无记名有价证券超过规定金额的，应当及时向反洗钱行政主管部门通报。

前款应当通报的金额标准由国务院反洗钱行政主管部门会同海关总署规定。

第十三条 反洗钱行政主管部门和其他依法负有反洗钱监督管理职责的部门、机构发现涉嫌洗钱犯罪的交易活动，应当及时向侦查机关报告。

第十四条 国务院有关金融监督管理机构审批新设金融机构或者金融机构增设分支机构时，应当审查新机构反洗钱内部控制制度的方案；对于不符合本法规定的设立申请，不予批准。

第三章 金融机构反洗钱义务

第十五条 金融机构应当依照本法规定建立健全反洗钱内部控制制度，金融机构的负责人应当对反洗钱内部控制制度的有效实施负责。

金融机构应当设立反洗钱专门机构或者指定内设机构负责反洗钱工作。

第十六条 金融机构应当按照规定建立客户身份识别制度。

金融机构在与客户建立业务关系或者为客户提供规定金额以上的现金汇款、现钞兑换、票据兑付等一次性金融服务时，应当要求客户出示真实有效的身份证件或者其他身份证明文件，进行核对并登记。

客户由他人代理办理业务的，金融机构应当同时对代理人和被代理人的身份证件或者其他身份证明文件进行核对并登记。

与客户建立人身保险、信托等业务关系，合同的受益人不是客户本人的，金融机构还应当对受益人的身份证件或者其他身份证明文件进行核对并登记。

金融机构不得为身份不明的客户提供服务或者与其进行交易，不得为客户开立匿名账户或者假名账户。

金融机构对先前获得的客户身份资料的真实性、有效性或者完整性有疑问的，应当重新识别客户身份。

任何单位和个人在与金融机构建立业务关系或者要求金融机构为其提供一次性金融服务时，都应当提供真实有效的身份证件或者其他身份证明文件。

第十七条 金融机构通过第三方识别客户身份的，应当确保第三方已经采取符合本法要求的客户身份识别措施；第三方未采取符合本法要求的客户身份识别措施的，由该金融机构承担未履行客户身份识别义务的责任。

第十八条 金融机构进行客户身份识别，认为必要时，可以向公安、工商行政管理等部门核实客户的有关身份信息。

第十九条 金融机构应当按照规定建立客户身份资料和交易记录保存制度。

在业务关系存续期间，客户身份资料发生变更的，应当及时更新客户身份资料。

客户身份资料在业务关系结束后、客户交易信息在交易结束后，应当至少保存五年。

金融机构破产和解散时，应当将客户身份资料和客户交易信息移交国务院有关部门指定的机构。

第二十条 金融机构应当按照规定执行大额交易和可疑交易报告制度。

金融机构办理的单笔交易或者在规定期限内的累计交易超过规定金额或者发现可疑交易的，应当及时向反洗钱信息中心报告。

第二十一条 金融机构建立客户身份识别制度、客户身份资料和交易记录保存制度的具体办法，由国务院反洗钱行政主管部门会同国务院有关金融监督管理机构制定。金融机构大额交易和可疑交易报告的具体办法，由国务院反洗钱行政主管部门制定。

第二十二条　金融机构应当按照反洗钱预防、监控制度的要求，开展反洗钱培训和宣传工作。

第四章　反洗钱调查

第二十三条　国务院反洗钱行政主管部门或者其省一级派出机构发现可疑交易活动，需要调查核实的，可以向金融机构进行调查，金融机构应当予以配合，如实提供有关文件和资料。

调查可疑交易活动时，调查人员不得少于二人，并出示合法证件和国务院反洗钱行政主管部门或者其省一级派出机构出具的调查通知书。调查人员少于二人或者未出示合法证件和调查通知书的，金融机构有权拒绝调查。

第二十四条　调查可疑交易活动，可以询问金融机构有关人员，要求其说明情况。

询问应当制作询问笔录。询问笔录应当交被询问人核对。记载有遗漏或者差错的，被询问人可以要求补充或者更正。被询问人确认笔录无误后，应当签名或者盖章；调查人员也应当在笔录上签名。

第二十五条　调查中需要进一步核查的，经国务院反洗钱行政主管部门或者其省一级派出机构的负责人批准，可以查阅、复制被调查对象的账户信息、交易记录和其他有关资料；对可能被转移、隐藏、篡改或者毁损的文件、资料，可以予以封存。

调查人员封存文件、资料，应当会同在场的金融机构工作人员查点清楚，当场开列清单一式二份，由调查人员和在场的金融机构工作人员签名或者盖章，一份交金融机构，一份附卷备查。

第二十六条　经调查仍不能排除洗钱嫌疑的，应当立即向有管辖权的侦查机关报案。客户要求将调查所涉及的账户资金转往境外的，经国务院反洗钱行政主管部门负责人批准，可以采取临时冻结措施。

侦查机关接到报案后，对已依照前款规定临时冻结的资金，应当及时决定是否继续冻结。侦查机关认为需要继续冻结的，依照刑事诉讼法的规定采取冻结措施；认为不需要继续冻结的，应当立即通知国务院反洗钱行政主管部门，国务院反洗钱行政主管部门应当立即通知金融机构解除冻结。

临时冻结不得超过四十八小时。金融机构在按照国务院反洗钱行政主管部门的要求采取临时冻结措施后四十八小时内，未接到侦查机关继续冻结通知的，应当立即解除冻结。

第五章　反洗钱国际合作

第二十七条　中华人民共和国根据缔结或者参加的国际条约，或者按照平等互惠原则，开展反洗钱国际合作。

第二十八条　国务院反洗钱行政主管部门根据国务院授权，代表中国政府与外国政府和有关国际组织开展反洗钱合作，依法与境外反洗钱机构交换与反洗钱有关的信息和资料。

第二十九条　涉及追究洗钱犯罪的司法协助，由司法机关依照有关法律的规定办理。

第六章　法律责任

第三十条　反洗钱行政主管部门和其他依法负有反洗钱监督管理职责的部门、机构从事反洗钱工作的人员有下列行为之一的，依法给予行政处分：

（一）违反规定进行检查、调查或者采取临时冻结措施的；

（二）泄露因反洗钱知悉的国家秘密、商业秘密或者个人隐私的；

（三）违反规定对有关机构和人员实施行政处罚的；

（四）其他不依法履行职责的行为。

第三十一条　金融机构有下列行为之一的，由国务院反洗钱行政主管部门或者其授权的设区的市一级以上派出机构责令限期改正；情节严重的，建议有关金融监督管理机构依法责令金融机构对直接负责的董事、高级管理人员和其他直接责任人员给予纪律处分：

（一）未按照规定建立反洗钱内部控制制度的；

（二）未按照规定设立反洗钱专门机构或者指定内设机构负责反洗钱工作的；

（三）未按照规定对职工进行反洗钱培训的。

第三十二条　金融机构有下列行为之一的，由国务院反洗钱行政主管部门或者其授权的设区的市一级以上派出机构责令限期改正；情节严重的，处二十万元以上五十万元以下罚款，并对直接负责的董事、高级管理人员和其他直接责任人员，处一万元以上五万元以下罚款：

（一）未按照规定履行客户身份识别义务的；

（二）未按照规定保存客户身份资料和交易记录的；

（三）未按照规定报送大额交易报告或者可疑交易报告的；

（四）与身份不明的客户进行交易或者为客户开立匿名账户、假名账户的；

（五）违反保密规定，泄露有关信息的；

（六）拒绝、阻碍反洗钱检查、调查的；

（七）拒绝提供调查材料或者故意提供虚假材料的。

金融机构有前款行为，致使洗钱后果发生的，处五十万元以上五百万元以下罚款，并对直接负责的董事、高级管理人员和其他直接责任人员处五万元以上五十万元以下罚款；情节特别严重的，反洗钱行政主管部门可以建议有关金融监督管理机构责令停业整顿或者吊销其经营许可证。

对有前两款规定情形的金融机构直接负责的董事、高级管理人员和其他直接责任人员,反洗钱行政主管部门可以建议有关金融监督管理机构依法责令金融机构给予纪律处分,或者建议依法取消其任职资格、禁止其从事有关金融行业工作。

第三十三条　违反本法规定,构成犯罪的,依法追究刑事责任。

第七章　附　　则

第三十四条　本法所称金融机构,是指依法设立的从事金融业务的政策性银行、商业银行、信用合作社、邮政储汇机构、信托投资公司、证券公司、期货经纪公司、保险公司以及国务院反洗钱行政主管部门确定并公布的从事金融业务的其他机构。

第三十五条　应当履行反洗钱义务的特定非金融机构的范围、其履行反洗钱义务和对其监督管理的具体办法,由国务院反洗钱行政主管部门会同国务院有关部门制定。

第三十六条　对涉嫌恐怖活动资金的监控适用本法;其他法律另有规定的,适用其规定。

第三十七条　本法自 2007 年 1 月 1 日起施行。

附录四

征信业管理条例

第一章 总 则

第一条 为了规范征信活动，保护当事人合法权益，引导、促进征信业健康发展，推进社会信用体系建设，制定本条例。

第二条 在中国境内从事征信业务及相关活动，适用本条例。

本条例所称征信业务，是指对企业、事业单位等组织（以下统称企业）的信用信息和个人的信用信息进行采集、整理、保存、加工，并向信息使用者提供的活动。

国家设立的金融信用信息基础数据库进行信息的采集、整理、保存、加工和提供，适用本条例第五章规定。

国家机关以及法律、法规授权的具有管理公共事务职能的组织依照法律、行政法规和国务院的规定，为履行职责进行的企业和个人信息的采集、整理、保存、加工和公布，不适用本条例。

第三条 从事征信业务及相关活动，应当遵守法律法规，诚实守信，不得危害国家秘密，不得侵犯商业秘密和个人隐私。

第四条 中国人民银行（以下称国务院征信业监督管理部门）及其派出机构依法对征信业进行监督管理。

县级以上地方人民政府和国务院有关部门依法推进本地区、本行业的社会信用体系建设，培育征信市场，推动征信业发展。

第二章 征信机构

第五条 本条例所称征信机构，是指依法设立，主要经营征信业务的机构。

第六条 设立经营个人征信业务的征信机构,应当符合《中华人民共和国公司法》规定的公司设立条件和下列条件,并经国务院征信业监督管理部门批准:

(一)主要股东信誉良好,最近3年无重大违法违规记录;

(二)注册资本不少于人民币5 000万元;

(三)有符合国务院征信业监督管理部门规定的保障信息安全的设施、设备和制度、措施;

(四)拟任董事、监事和高级管理人员符合本条例第八条规定的任职条件;

(五)国务院征信业监督管理部门规定的其他审慎性条件。

第七条 申请设立经营个人征信业务的征信机构,应当向国务院征信业监督管理部门提交申请书和证明其符合本条例第六条规定条件的材料。

国务院征信业监督管理部门应当依法进行审查,自受理申请之日起60日内作出批准或者不予批准的决定。决定批准的,颁发个人征信业务经营许可证;不予批准的,应当书面说明理由。

经批准设立的经营个人征信业务的征信机构,凭个人征信业务经营许可证向公司登记机关办理登记。

未经国务院征信业监督管理部门批准,任何单位和个人不得经营个人征信业务。

第八条 经营个人征信业务的征信机构的董事、监事和高级管理人员,应当熟悉与征信业务相关的法律法规,具有履行职责所需的征信业从业经验和管理能力,最近3年无重大违法违规记录,并取得国务院征信业监督管理部门核准的任职资格。

第九条 经营个人征信业务的征信机构设立分支机构、合并或者分立、变更注册资本、变更出资额占公司资本总额5%以上或者持股占公司股份5%以上的股东的,应当经国务院征信业监督管理部门批准。

经营个人征信业务的征信机构变更名称的,应当向国务院征信业监督管理部门办理备案。

第十条 设立经营企业征信业务的征信机构,应当符合《中华人民共和国公司法》规定的设立条件,并自公司登记机关准予登记之日起30日内向所在地的国务院征信业监督管理部门派出机构办理备案,并提供下列材料:

(一)营业执照;

(二)股权结构、组织机构说明;

(三)业务范围、业务规则、业务系统的基本情况;

(四)信息安全和风险防范措施。

备案事项发生变更的,应当自变更之日起30日内向原备案机构办理变更备案。

第十一条 征信机构应当按照国务院征信业监督管理部门的规定，报告上一年度开展征信业务的情况。

国务院征信业监督管理部门应当向社会公告经营个人征信业务和企业征信业务的征信机构名单，并及时更新。

第十二条 征信机构解散或者被依法宣告破产的，应当向国务院征信业监督管理部门报告，并按照下列方式处理信息数据库：

（一）与其他征信机构约定并经国务院征信业监督管理部门同意，转让给其他征信机构；

（二）不能依照前项规定转让的，移交给国务院征信业监督管理部门指定的征信机构；

（三）不能依照前两项规定转让、移交的，在国务院征信业监督管理部门的监督下销毁。

经营个人征信业务的征信机构解散或者被依法宣告破产的，还应当在国务院征信业监督管理部门指定的媒体上公告，并将个人征信业务经营许可证交国务院征信业监督管理部门注销。

第三章 征信业务规则

第十三条 采集个人信息应当经信息主体本人同意，未经本人同意不得采集。但是，依照法律、行政法规规定公开的信息除外。

企业的董事、监事、高级管理人员与其履行职务相关的信息，不作为个人信息。

第十四条 禁止征信机构采集个人的宗教信仰、基因、指纹、血型、疾病和病史信息以及法律、行政法规规定禁止采集的其他个人信息。

征信机构不得采集个人的收入、存款、有价证券、商业保险、不动产的信息和纳税数额信息。但是，征信机构明确告知信息主体提供该信息可能产生的不利后果，并取得其书面同意的除外。

第十五条 信息提供者向征信机构提供个人不良信息，应当事先告知信息主体本人。但是，依照法律、行政法规规定公开的不良信息除外。

第十六条 征信机构对个人不良信息的保存期限，自不良行为或者事件终止之日起为5年；超过5年的，应当予以删除。

在不良信息保存期限内，信息主体可以对不良信息作出说明，征信机构应当予以记载。

第十七条 信息主体可以向征信机构查询自身信息。个人信息主体有权每年两次免费获取本人的信用报告。

第十八条 向征信机构查询个人信息的，应当取得信息主体本人的书面同意并约定用途。但是，法律规定可以不经同意查询的除外。

征信机构不得违反前款规定提供个人信息。

第十九条 征信机构或者信息提供者、信息使用者采用格式合同条款取得个人信息主体同意的，应当在合同中作出足以引起信息主体注意的提示，并按照信息主体的要求作出明确说明。

第二十条 信息使用者应当按照与个人信息主体约定的用途使用个人信息，不得用作约定以外的用途，不得未经个人信息主体同意向第三方提供。

第二十一条 征信机构可以通过信息主体、企业交易对方、行业协会提供信息，政府有关部门依法已公开的信息，人民法院依法公布的判决、裁定等渠道，采集企业信息。

征信机构不得采集法律、行政法规禁止采集的企业信息。

第二十二条 征信机构应当按照国务院征信业监督管理部门的规定，建立健全和严格执行保障信息安全的规章制度，并采取有效技术措施保障信息安全。

经营个人征信业务的征信机构应当对其工作人员查询个人信息的权限和程序作出明确规定，对工作人员查询个人信息的情况进行登记，如实记载查询工作人员的姓名，查询的时间、内容及用途。工作人员不得违反规定的权限和程序查询信息，不得泄露工作中获取的信息。

第二十三条 征信机构应当采取合理措施，保障其提供信息的准确性。

征信机构提供的信息供信息使用者参考。

第二十四条 征信机构在中国境内采集的信息的整理、保存和加工，应当在中国境内进行。

征信机构向境外组织或者个人提供信息，应当遵守法律、行政法规和国务院征信业监督管理部门的有关规定。

第四章 异议和投诉

第二十五条 信息主体认为征信机构采集、保存、提供的信息存在错误、遗漏的，有权向征信机构或者信息提供者提出异议，要求更正。

征信机构或者信息提供者收到异议，应当按照国务院征信业监督管理部门的规定对相关信息作出存在异议的标注，自收到异议之日起 20 日内进行核查和处理，并将结果书面答复异议人。

经核查，确认相关信息确有错误、遗漏的，信息提供者、征信机构应当予以更正；确认不存在错误、遗漏的，应当取消异议标注；经核查仍不能确认的，对核查情况和异议内容应当予以记载。

第二十六条 信息主体认为征信机构或者信息提供者、信息使用者侵害其合法权益的，可以向所在地的国务院征信业监督管理部门派出机构投诉。

受理投诉的机构应当及时进行核查和处理，自受理之日起 30 日内书面答复投诉人。

信息主体认为征信机构或者信息提供者、信息使用者侵害其合法权益的，可以直接向人民法院起诉。

第五章　金融信用信息基础数据库

第二十七条 国家设立金融信用信息基础数据库，为防范金融风险、促进金融业发展提供相关信息服务。

金融信用信息基础数据库由专业运行机构建设、运行和维护。该运行机构不以盈利为目的，由国务院征信业监督管理部门监督管理。

第二十八条 金融信用信息基础数据库接收从事信贷业务的机构按照规定提供的信贷信息。

金融信用信息基础数据库为信息主体和取得信息主体本人书面同意的信息使用者提供查询服务。国家机关可以依法查询金融信用信息基础数据库的信息。

第二十九条 从事信贷业务的机构应当按照规定向金融信用信息基础数据库提供信贷信息。

从事信贷业务的机构向金融信用信息基础数据库或者其他主体提供信贷信息，应当事先取得信息主体的书面同意，并适用本条例关于信息提供者的规定。

第三十条 不从事信贷业务的金融机构向金融信用信息基础数据库提供、查询信用信息以及金融信用信息基础数据库接收其提供的信用信息的具体办法，由国务院征信业监督管理部门会同国务院有关金融监督管理机构依法制定。

第三十一条 金融信用信息基础数据库运行机构可以按照补偿成本原则收取查询服务费用，收费标准由国务院价格主管部门规定。

第三十二条 本条例第十四条、第十六条、第十七条、第十八条、第二十二条、第二十三条、第二十四条、第二十五条、第二十六条适用于金融信用信息基础数据库运行机构。

第六章　监督管理

第三十三条 国务院征信业监督管理部门及其派出机构依照法律、行政法规和国务院的规定，履行对征信业和金融信用信息基础数据库运行机构的监督管理职责，可以采取下列监督检查措施：

（一）进入征信机构、金融信用信息基础数据库运行机构进行现场检查，对向金融信用信息基础数据库提供或者查询信息的机构遵守本条例有关规定的情况进行检查；

（二）询问当事人和与被调查事件有关的单位和个人，要求其对与被调查事件有关的事项作出说明；

（三）查阅、复制与被调查事件有关的文件、资料，对可能被转移、销毁、隐匿或者篡改的文件、资料予以封存；

（四）检查相关信息系统。

进行现场检查或者调查的人员不得少于2人，并应当出示合法证件和检查、调查通知书。

被检查、调查的单位和个人应当配合，如实提供有关文件、资料，不得隐瞒、拒绝和阻碍。

第三十四条 经营个人征信业务的征信机构、金融信用信息基础数据库、向金融信用信息基础数据库提供或者查询信息的机构发生重大信息泄露等事件的，国务院征信业监督管理部门可以采取临时接管相关信息系统等必要措施，避免损害扩大。

第三十五条 国务院征信业监督管理部门及其派出机构的工作人员对在工作中知悉的国家秘密和信息主体的信息，应当依法保密。

第七章　法律责任

第三十六条 未经国务院征信业监督管理部门批准，擅自设立经营个人征信业务的征信机构或者从事个人征信业务活动的，由国务院征信业监督管理部门予以取缔，没收违法所得，并处5万元以上50万元以下的罚款；构成犯罪的，依法追究刑事责任。

第三十七条 经营个人征信业务的征信机构违反本条例第九条规定的，由国务院征信业监督管理部门责令限期改正，对单位处2万元以上20万元以下的罚款；对直接负责的主管人员和其他直接责任人员给予警告，处1万元以下的罚款。

经营企业征信业务的征信机构未按照本条例第十条规定办理备案的，由其所在地的国务院征信业监督管理部门派出机构责令限期改正；逾期不改正的，依照前款规定处罚。

第三十八条 征信机构、金融信用信息基础数据库运行机构违反本条例规定，有下列行为之一的，由国务院征信业监督管理部门或者其派出机构责令限期改正，对单位处5万元以上50万元以下的罚款；对直接负责的主管人员和其他直接责任人员处1万元以上10万元以下的罚款；有违法所得的，没收违法所得。给信息主体造成损失的，依法承担民事责任；构成犯罪的，依法追究刑事责任：

（一）窃取或者以其他方式非法获取信息；

（二）采集禁止采集的个人信息或者未经同意采集个人信息；

（三）违法提供或者出售信息；

（四）因过失泄露信息；

（五）逾期不删除个人不良信息；

（六）未按照规定对异议信息进行核查和处理；

（七）拒绝、阻碍国务院征信业监督管理部门或者其派出机构检查、调查或者不如实提供有关文件、资料；

（八）违反征信业务规则，侵害信息主体合法权益的其他行为。

经营个人征信业务的征信机构有前款所列行为之一，情节严重或者造成严重后果的，由国务院征信业监督管理部门吊销其个人征信业务经营许可证。

第三十九条 征信机构违反本条例规定，未按照规定报告其上一年度开展征信业务情况的，由国务院征信业监督管理部门或者其派出机构责令限期改正；逾期不改正的，对单位处2万元以上10万元以下的罚款；对直接负责的主管人员和其他直接责任人员给予警告，处1万元以下的罚款。

第四十条 向金融信用信息基础数据库提供或者查询信息的机构违反本条例规定，有下列行为之一的，由国务院征信业监督管理部门或者其派出机构责令限期改正，对单位处5万元以上50万元以下的罚款；对直接负责的主管人员和其他直接责任人员处1万元以上10万元以下的罚款；有违法所得的，没收违法所得。给信息主体造成损失的，依法承担民事责任；构成犯罪的，依法追究刑事责任：

（一）违法提供或者出售信息；

（二）因过失泄露信息；

（三）未经同意查询个人信息或者企业的信贷信息；

（四）未按照规定处理异议或者对确有错误、遗漏的信息不予更正；

（五）拒绝、阻碍国务院征信业监督管理部门或者其派出机构检查、调查或者不如实提供有关文件、资料。

第四十一条 信息提供者违反本条例规定，向征信机构、金融信用信息基础数据库提供非依法公开的个人不良信息，未事先告知信息主体本人，情节严重或者造成严重后果的，由国务院征信业监督管理部门或者其派出机构对单位处2万元以上20万元以下的罚款；对个人处1万元以上5万元以下的罚款。

第四十二条 信息使用者违反本条例规定，未按照与个人信息主体约定的用途使用个人信息或者未经个人信息主体同意向第三方提供个人信息，情节严重或者造成严重后果的，由国务院征信业监督管理部门或者其派出机构对单位处2万元以上20万元以下的罚款；对个人处1万元以上5万元以下的罚款；有违法所得的，没收违法所得。给信息主体造成损失的,依法承担民事责任;构成犯罪的,依法追究刑事责任。

第四十三条 国务院征信业监督管理部门及其派出机构的工作人员滥用职权、玩忽职守、徇私舞弊,不依法履行监督管理职责,或者泄露国家秘密、信息主体信息的,依法给予处分。给信息主体造成损失的,依法承担民事责任;构成犯罪的,依法追究刑事责任。

第八章 附 则

第四十四条 本条例下列用语的含义:

(一)信息提供者,是指向征信机构提供信息的单位和个人,以及向金融信用信息基础数据库提供信息的单位。

(二)信息使用者,是指从征信机构和金融信用信息基础数据库获取信息的单位和个人。

(三)不良信息,是指对信息主体信用状况构成负面影响的下列信息:信息主体在借贷、赊购、担保、租赁、保险、使用信用卡等活动中未按照合同履行义务的信息,对信息主体的行政处罚信息,人民法院判决或者裁定信息主体履行义务以及强制执行的信息,以及国务院征信业监督管理部门规定的其他不良信息。

第四十五条 外商投资征信机构的设立条件,由国务院征信业监督管理部门会同国务院有关部门制定,报国务院批准。

境外征信机构在境内经营征信业务,应当经国务院征信业监督管理部门批准。

第四十六条 本条例施行前已经经营个人征信业务的机构,应当自本条例施行之日起6个月内,依照本条例的规定申请个人征信业务经营许可证。

本条例施行前已经经营企业征信业务的机构,应当自本条例施行之日起3个月内,依照本条例的规定办理备案。

第四十七条 本条例自2013年3月15日起施行。

附录五

存款保险条例

第一条 为了建立和规范存款保险制度,依法保护存款人的合法权益,及时防范和化解金融风险,维护金融稳定,制定本条例。

第二条 在中华人民共和国境内设立的商业银行、农村合作银行、农村信用合作社等吸收存款的银行业金融机构(以下统称投保机构),应当依照本条例的规定投保存款保险。

投保机构在中华人民共和国境外设立的分支机构,以及外国银行在中华人民共和国境内设立的分支机构不适用前款规定。但是,中华人民共和国与其他国家或者地区之间对存款保险制度另有安排的除外。

第三条 本条例所称存款保险,是指投保机构向存款保险基金管理机构交纳保费,形成存款保险基金,存款保险基金管理机构依照本条例的规定向存款人偿付被保险存款,并采取必要措施维护存款以及存款保险基金安全的制度。

第四条 被保险存款包括投保机构吸收的人民币存款和外币存款。但是,金融机构同业存款、投保机构的高级管理人员在本投保机构的存款以及存款保险基金管理机构规定不予保险的其他存款除外。

第五条 存款保险实行限额偿付,最高偿付限额为人民币50万元。中国人民银行会同国务院有关部门可以根据经济发展、存款结构变化、金融风险状况等因素调整最高偿付限额,报国务院批准后公布执行。

同一存款人在同一家投保机构所有被保险存款账户的存款本金和利息合并计算的资金数额在最高偿付限额以内的,实行全额偿付;超出最高偿付限额的部分,依法从投保机构清算财产中受偿。

存款保险基金管理机构偿付存款人的被保险存款后,即在偿付金额范围内取得该存款人对投保机构相同清偿顺序的债权。

社会保险基金、住房公积金存款的偿付办法由中国人民银行会同国务院有关部门另行制定，报国务院批准。

第六条 存款保险基金的来源包括：

（一）投保机构交纳的保费；

（二）在投保机构清算中分配的财产；

（三）存款保险基金管理机构运用存款保险基金获得的收益；

（四）其他合法收入。

第七条 存款保险基金管理机构履行下列职责：

（一）制定并发布与其履行职责有关的规则；

（二）制定和调整存款保险费率标准，报国务院批准；

（三）确定各投保机构的适用费率；

（四）归集保费；

（五）管理和运用存款保险基金；

（六）依照本条例的规定采取早期纠正措施和风险处置措施；

（七）在本条例规定的限额内及时偿付存款人的被保险存款；

（八）国务院批准的其他职责。

存款保险基金管理机构由国务院决定。

第八条 本条例施行前已开业的吸收存款的银行业金融机构，应当在存款保险基金管理机构规定的期限内办理投保手续。

本条例施行后开业的吸收存款的银行业金融机构，应当自工商行政管理部门颁发营业执照之日起6个月内，按照存款保险基金管理机构的规定办理投保手续。

第九条 存款保险费率由基准费率和风险差别费率构成。费率标准由存款保险基金管理机构根据经济金融发展状况、存款结构情况以及存款保险基金的累积水平等因素制定和调整，报国务院批准后执行。

各投保机构的适用费率，由存款保险基金管理机构根据投保机构的经营管理状况和风险状况等因素确定。

第十条 投保机构应当交纳的保费，按照本投保机构的被保险存款和存款保险基金管理机构确定的适用费率计算，具体办法由存款保险基金管理机构规定。

投保机构应当按照存款保险基金管理机构的要求定期报送被保险存款余额、存款结构情况以及与确定适用费率、核算保费、偿付存款相关的其他必要资料。

投保机构应当按照存款保险基金管理机构的规定，每6个月交纳一次保费。

第十一条 存款保险基金的运用，应当遵循安全、流动、保值增值的原则，限于下列形式：

（一）存放在中国人民银行；
（二）投资政府债券、中央银行票据、信用等级较高的金融债券以及其他高等级债券；
（三）国务院批准的其他资金运用形式。

第十二条 存款保险基金管理机构应当自每一会计年度结束之日起 3 个月内编制存款保险基金收支的财务会计报告、报表，并编制年度报告，按照国家有关规定予以公布。

存款保险基金的收支应当遵守国家统一的财务会计制度，并依法接受审计机关的审计监督。

第十三条 存款保险基金管理机构履行职责，发现有下列情形之一的，可以进行核查：
（一）投保机构风险状况发生变化，可能需要调整适用费率的，对涉及费率计算的相关情况进行核查；
（二）投保机构保费交纳基数可能存在问题的，对其存款的规模、结构以及真实性进行核查；
（三）对投保机构报送的信息、资料的真实性进行核查。

对核查中发现的重大问题，应当告知银行业监督管理机构。

第十四条 存款保险基金管理机构参加金融监督管理协调机制，并与中国人民银行、银行业监督管理机构等金融管理部门、机构建立信息共享机制。

存款保险基金管理机构应当通过信息共享机制获取有关投保机构的风险状况、检查报告和评级情况等监督管理信息。

前款规定的信息不能满足控制存款保险基金风险、保证及时偿付、确定差别费率等需要的，存款保险基金管理机构可以要求投保机构及时报送其他相关信息。

第十五条 存款保险基金管理机构发现投保机构存在资本不足等影响存款安全以及存款保险基金安全的情形的，可以对其提出风险警示。

第十六条 投保机构因重大资产损失等原因导致资本充足率大幅度下降，严重危及存款安全以及存款保险基金安全的，投保机构应当按照存款保险基金管理机构、中国人民银行、银行业监督管理机构的要求及时采取补充资本、控制资产增长、控制重大交易授信、降低杠杆率等措施。

投保机构有前款规定情形，且在存款保险基金管理机构规定的期限内未改进的，存款保险基金管理机构可以提高其适用费率。

第十七条 存款保险基金管理机构发现投保机构有《中华人民共和国银行业监督管理法》第三十八条、第三十九条规定情形的，可以建议银行业监督管理机构依法采取相应措施。

第十八条 存款保险基金管理机构可以选择下列方式使用存款保险基金，保护存款人利益：
（一）在本条例规定的限额内直接偿付被保险存款；

（二）委托其他合格投保机构在本条例规定的限额内代为偿付被保险存款；

（三）为其他合格投保机构提供担保、损失分摊或者资金支持，以促成其收购或者承担被接管、被撤销或者申请破产的投保机构的全部或者部分业务、资产、负债。

存款保险基金管理机构在拟订存款保险基金使用方案选择前款规定方式时，应当遵循基金使用成本最小的原则。

第十九条 有下列情形之一的，存款人有权要求存款保险基金管理机构在本条例规定的限额内，使用存款保险基金偿付存款人的被保险存款：

（一）存款保险基金管理机构担任投保机构的接管组织；

（二）存款保险基金管理机构实施被撤销投保机构的清算；

（三）人民法院裁定受理对投保机构的破产申请；

（四）经国务院批准的其他情形。

存款保险基金管理机构应当依照本条例的规定，在前款规定情形发生之日起 7 个工作日内足额偿付存款。

第二十条 存款保险基金管理机构的工作人员有下列行为之一的，依法给予处分：

（一）违反规定收取保费；

（二）违反规定使用、运用存款保险基金；

（三）违反规定不及时、足额偿付存款。

存款保险基金管理机构的工作人员滥用职权、玩忽职守、泄露国家秘密或者所知悉的商业秘密的，依法给予处分；构成犯罪的，依法追究刑事责任。

第二十一条 投保机构有下列情形之一的，由存款保险基金管理机构责令限期改正；逾期不改正或者情节严重的，予以记录并作为调整该投保机构的适用费率的依据：

（一）未依法投保；

（二）未依法及时、足额交纳保费；

（三）未按照规定报送信息、资料或者报送虚假的信息、资料；

（四）拒绝或者妨碍存款保险基金管理机构依法进行的核查；

（五）妨碍存款保险基金管理机构实施存款保险基金使用方案。

投保机构有前款规定情形的，存款保险基金管理机构可以对投保机构的主管人员和直接责任人员予以公示。投保机构有前款第二项规定情形的，存款保险基金管理机构还可以按日加收未交纳保费部分 0.05% 的滞纳金。

第二十二条 本条例施行前，已被国务院银行业监督管理机构依法决定接管、撤销或者人民法院已受理破产申请的吸收存款的银行业金融机构，不适用本条例。

第二十三条 本条例自 2015 年 5 月 1 日起施行。

参 考 文 献

[1] 中国人民银行金融消费权益保护局：《金融知识普及读本》，北京，中国金融出版社，2014。

[2] 中国人民银行金融稳定局：《存款保险宣传读本》，北京，中国金融出版社，2015。

[3] 中国人民银行：《金融知识国民读本》，北京，中国金融出版社，2007。

[4]《金融知识进社区》系列丛书编委会：《金融知识进社区》，北京，中国金融出版社，2008。

[5] 潘功胜：《征信朝阳》，北京，中国金融出版社，2012。

[6] 管涛：《外汇管理理论与实务》，北京，中国金融出版社，2007。

[7] 张静：《反洗钱知识手册》，武汉，湖北人民出版社，2007。

[8] 财政部国库司：《中国储蓄国债》，北京，中国市场出版社，2006。

[9] 中国人民银行铜川市中心支行：《金融知识简明读本》。

[10] 国家外汇管理局网站：《外汇管理概览》（2010）。

[11] 苏宁：《百姓征信知识问答》，北京，中国金融出版社，2008。

后 记

2013年,中国人民银行金融消费权益保护局牵头组织编写了《金融知识普及读本》,2014年7月由中国金融出版社出版发行,电子版上传到中国人民银行官方网站,供公众自行下载使用。作为中国人民银行官方发行的金融知识普及读物,《金融知识普及读本》出版发行以来反响良好,受到金融同业和金融消费者的肯定,在开展金融消费者教育工作中发挥了积极的作用。

随着经济金融形势的发展、新型金融业态的出现以及相关监管法规制度的出台,消费者对金融知识的需求也进一步增强。为满足金融消费者的需求,提升开展金融消费者教育的有效性,自2015年11月起,中国人民银行金融消费权益保护局牵头对《金融知识普及读本》进行修订。

新版《金融知识普及读本》共十二章,主要立足人民银行各项工作,用通俗易懂的语言,对人民币知识、存贷款业务、支付结算系统、个人征信知识等与公众日常生活联系较紧密的金融基础知识进行了普及性地介绍。同时,《金融知识普及读本》在旧版的基础上进行了更新和调整,加入了存款保险制度、普惠金融、互联网金融等金融业务的最新发展,为公众更好地了解金融信息、学习金融知识提供便利。

新版《金融知识普及读本》由中国人民银行金融消费权益保护局牵头编写。中国人民银行办公厅、条法司、货政司、货政二司、金融市场司、金融稳定局、支付结算司、科技司、货币金银局、国库局、研究局、征信管理局、反洗钱局和国家外汇管理局为本书提供了翔实的材料,并对修订工作提出宝贵的意见建议。本书在编写过程中还得到了中国互联网金融协会和中国人民银行贵阳中心支行同仁的大力支持,中国金融出版社编辑部对本书进行了悉心审校和编排,感谢他们为本书的顺利出版付出的辛苦劳动。由于成书时间仓促及限于编者水平,本书中难免疏漏与错误之处,恳请读者批评指正。